Franz Schiffer

Der Kaplan, der um Jimi Hendrix trauerte

Vergessene Pop-Momente

Franz Schiffer
Der Kaplan, der um Jimi Hendrix trauerte
Vergessene Pop-Momente

Umschlaggestaltung von Marcel Pollex

Hergestellt mit Materialien aus verantwortungsvollen Quellen
(FSC® C107574)

1. Auflage 2022 ©Verlag Andreas Reiffer
ISBN 978-3-945715-54-3

Verlag Andreas Reiffer, Hauptstr. 16 b, D-38527 Meine
www.verlag-reiffer.de

One for the money
Two for the show
Three to get ready
And four to go!

Alter Kinderreim, nicht nur von Elvis Presley verwertet

Inhalt

Vorbemerkung 10

Der Wortführer, der Rock'n'Roll hasste 13

Die erfahrenste Leadsängerin 14

Die ideale Fehlbesetzung 16

Der fremdsprachigste Songtext 18

Der gefährlichste Instrumental-Hit 21

Die Fleißigste im Selbstcovern 22

Die vorbildlichste Diskothek 24

Die sportlichste Rockmusik 26

Die umwerfendste Show-Einlage 28

Der schlagfertigste Tenor 29

Der Akkord des Jahrhunderts 31

Spurenelemente auf Deutsch 32

Die dramatischste Pause 37

Der Piratensender mit Kennedy-Faktor 38

Der radioaktivste Song 41

Der treffendste Beitrag aus Frankreich 43

Der großzügigste Förderer 45

Die unberührbare Holländerin 47

What's in a name? (Teil 1) 48

Das findigste Allroundtalent 52

Der König der Eintagsfliegen 53

Der Maulkorb für alle 55

Die schlimmsten Finger (Teil 1) 58

Die drittbeste Beatband der Welt 62

Die zwei größten Schattenmusiker 63

Die irrwitzigste Neufärbung 66

Die Quatsch-mit-Soße-Brüder 68

Der größenwahnsinnigste Drummer 69

Die subversivste Einwechslung 71

Vom Werbejingle zur Hitsingle 73

Literatur in Rock und Pop 75

Rock und Pop in der Literatur 79

Laut – lauter – The Who 82

Die Mutter aller Rock-Open-Airs 83

Die Phantomband mit dem Phantomlied 85

Die schlimmsten Finger (Teil 2) 88

Der 100-Stunden-Song 90

Das beliebteste Piano 94

Das erste Deutschrock-Album 95

What's in a name? (Teil 2) 98

Die rustikalste Reklame 102

Die einzige Lennon/McCartney-LP 103

Die scheinheiligsten Paschas 104

Die erste starke Frauenquote 107

Die köstlichsten Verhörer 109

Der fatalste Jux eines Hörfunkmoderators 113

Den Vietnamkrieg begrüßt und Woodstock ermöglicht 115

Das originellste Zwischenspiel 118

Mal ganz was anderes 121

Der jüngste Hit-Autor 123

Der verbockte Weltruhm 124

Der heilsamste Song 126

Die unterbezahlteste Tour 128

Dylans schönster Schöngesang 130

Der politischste Vierzeiler 131

Der heißeste Vorlauf 135

Die unglaublichste Panne 136

Der besungene Fußballtrainer 138

Coronas coolster Auftritt 139

Die kleinste Verbündete 140

Der ungeduldigste Kämpfer 142

Von Ola bis ABBA 143

Der demütigste Grabschmuck 146

Die Rivalin der Gitarrengötter 148

Der Ex-Bundeskanzler als Plattenkritiker 149

Die billigste Aufnahme einer Langspielplatte 151

Der treueste Ohrwurm 152

Das gründlichste Missverständnis 154

Der Verrat an höchster Stelle 158

Das Supersolo für ein Butterbrot 161

Mit Hängen und Stottern number one 163

Die verlockendste Kirmesmusik 165

Der unmöglichste Bandname 167

Das Rock-Opus auf Zehenspitzen 169

Die verspieltesten Tribute-Bands 171

Die einsamste Gegenstimme 172

Der mutigste Radio-DJ 174

Die hilfreichsten Fans 176

Fans und Künstler im Clinch 179

Die nervtötendste Schnulze 181

Was sie vor der Karriere machten 182

Der Titel, den Terroristen kaperten 183

Der verbotene O-Ton 184

Der Kaplan, der um Jimi Hendrix trauerte 186

Der schaurigste Abgesang 189

Personen und Bands 192

Literaturverzeichnis 200

Über Franz Schiffer 202

Danksagung 203

Vorbemerkung

Die große Joan Baez hatte noch mit 77 ein heißes Herz und blickte ungetrübt zurück. »That time period, the 60s and 70s, is something that will never happen again – an explosion of talent and gifts«, so rühmte sie einen Schaffensrausch der Musikszene, der längst verebbt war. Eine Strömung, die Jugendliche als befreiend empfanden und für sich beanspruchten. Auch Baez' Vorliebe, der Folksong, spielte damals in eine überaus schöpferische Popmusik hinein. Von dieser Blütezeit handeln die meisten meiner Geschichten.

Mithören konnte ich die Explosion vor allem dank Radio und Plattenspieler, sie leidlich nachahmen auf meiner Gitarre. Geschwärmt und diskutiert haben wir auf Schulhof und Kellerparty, im Kleinstadtpark, in einer Jugendpinte. Die Gegend – linksrheinische Ebene noch und noch. Was musikalisch in anderen Breitengraden ähnlich begeisterte, habe ich für das Buch neu entdeckt – umso lieber, je wunderlicher und denkwürdiger die Ausgrabung. Als früher Fan war ich ganz Ohr und bekam doch eine Menge nicht mit. Das Englisch der Gesangstars verstanden wir recht und schlecht. Informationen über Hintergründe waren rar, Konzerte weit entfernt für Heranwachsende auf dem Land. Und manches fällt immer erst aus der Distanz auf. Rund um meine gesammelten Erinnerungen, Blätter, Bücher und Tonträger wogt heute ein Meer von Überlieferung – meine Auswahl biete ich auch Nachgeborenen an, die der Sound von einst lockt.

Ich habe die Fundstücke lose chronologisch geordnet. Vorgeschichten führen zurück bis in die Bibel, Echos erreichen die

Gegenwart. Das Ergebnis ist ein persönlicher Streifzug. ABBA und mein Musiklehrer schneiden schwach ab. Einer markanten Stimme aus Frankreich widme ich mehr Zeilen als Janis Joplin. Sicher ist, dass sämtliche Schnappschüsse die Pinnwand einer Ära schmücken. Wer dieser wildbunten Zeit seufzend nachhängt, hat mein volles Verständnis. Mehr noch freut mich aber, wie sie heute weiterwirkt in Konzerthallen und Kinos, gedruckt und digital, von den Köpfen bis hinein in die Eingeweide.

Joan Baez tanzt mit in meinem Reigen, obwohl sie wenige Verkaufserfolge landete. Auftritte machten die politisierende Bardin samt ihrem Musikstil beliebt und damit reif für den Tummelplatz Pop. Mein grober Grenzverlauf: Pop ist alles außer Volksmusik und Schlager, Klassik und Jazz. Soul gehört dazu, auch Country oder eben Folk. Popmusik im engen Sinn hatte in jenen Tagen zwei Grundzutaten: Entweder offensive Zuversicht (spritzig in Petula Clarks »Downtown« von 1964) oder sentimentaler Schmelz (Trübsal blasend The Cats in »One Way Wind«, 1971). Verbreitet war die Trennung von Komponisten, Textern und Interpreten. Selten dominierte die E-Gitarre, und wohl die Hauptsache: Poppige Songs sollten Kasse machen, also gesellschaftlich nicht anecken. Sie beugten familiären Grabenkämpfen vor, machten den Abstand zum Hören und Denken der Eltern überschaubar. Haben manche bisweilen nicht einverständig genickt und mitgesummt? Beschwingte bis rührende Popmusik hieß jedenfalls nicht zwingend Türenknallen und Zerwürfnis, eher Kopfschütteln und gereiztes Unverständnis auf beiden Seiten. Derweil zog Rock mit Spielarten wie Rock'n'Roll, Beat oder Bluesrock laut auf Gegenkurs: Hart gesetzte Rhythmen, Widerspruch, Sinnesreiz, künstlerische Selbstbestimmung. Prachtbeispiele von Chuck Berry oder den Rolling Stones kennt auch heute jeder junge Musikfan.

Das sind Leitplanken, die gewiss Ausreißer und Mischformen zulassen. Doch mein Vorwort ist ja kein akademisches Traktat. Grundsätzliches steht zudem hier und da in den Geschichten – und erst Geschichten machen alle Theorie genießbar.

Franz Schiffer

lud damit Rhythm & Blues auf, öffnete sich dem Folk – kurz nimmt die Gruppe aus Chicago sogar die Discowelle mit. Die Funknummer »I'll Take You There« (1972) hat nur zwei Akkorde und eine Strophe – ansonsten: Improvisation mit dem treibenden Schwung der Leadsängerin. Einer der spontansten Studio-Sounds, die es an die Spitze der Charts geschafft haben, und das einmal mehr unter Daddys künstlerischer Aufsicht.

Ihr Vater war der wichtigste Mann in Mavis' Leben, ein im Blues verwurzelter Musiker, ein Patriarch, aber kein Despot. »Sing from your heart«, sagte er seinen vier Schützlingen. Dazu mischte sich sozialer Protest, als die Staples auf Touren mit Martin Luther King für Bürgerrechte sangen. Wohlwollend entließ Pops seine Jüngste 1994 in ihre Solo-Laufbahn.

Weniger als ein Jahr hielt sie es im Ehestand aus. Der Angetraute, ein Geschäftsmann, verlangte von ihr, sie solle das Singen sein lassen und zu Hause bleiben. 2016 verriet die kleine Frau mit der Charakterstimme einer Zeitung: »I often think what would have happenend if I'd married Dylan.« Denn 1962 hatte Bob beim Staples-Oberhaupt um die Hand der Tochter angehalten. Pops verwies ihn an die Umworbene: »You got to talk to Mavis.« Und Mavis lehnte Dylans Antrag ab. Begründung: »We are too young.« Die beiden blieben freundschaftlich verbandelt und arbeiteten immer wieder mal zusammen.

Die ideale Fehlbesetzung

Er war pausbäckig, fast schon 30 Jahre alt und Familienvater. Trug karierte Jacketts mit Fliege, ein sichelförmiges Schmalzlöckchen schmückte die hohe Stirn. All das konnte auch in den 1950er-Jahren Schulmädchen nicht wirklich umwerfen. Aber just dieser Bill Haley war es, der Rock'n'Roll 1955 zum Fanal einer aufbegehrenden Jugend machte. Genauer: Haleys Single »Rock Around the Clock« – zunächst nur eine geringgeschätzte B-Seite, eingespielt mit ihm und seinen Comets.

Haley sang fürwahr nicht so schneidend wie Elvis Presley, verströmte nicht die Rasanz eines Little Richard oder eines Chuck Berry. Und keine Spur von Jerry Lee Lewis' Tobsucht am Piano. Nur klang er schon ein paar Jahre vor seinem Welthit verdächtig nach Umschwung, da hatten Elvis und sonstige Größen noch nie ein Tonstudio betreten. Anfangs sprach Amerika vom Haley-Sound und fragte sich etwas ratlos, womit man es zu tun hatte. Es war eine brisante Mischung aus schwarzem Rhythm & Blues, melodischem weißen Country und schwingendem Dixie-Jazz. Dazu Tempo! Wiederholung! Eine elektrifizierte Gitarre als Antreiberin und in den Texten immer wieder der Slang der Schulhöfe. Was auch Erwachsene verstanden: »Rock and roll« war in dem weithin protestantisch-prüden Land ein Tarnbegriff für den Liebesakt. Nur ganz Naive glaubten gern, Bill Haley & His Comets würden bloß zum Tanz aufspielen. Ihr »Shake, Rattle and Roll« – vor »Clock« bereits international beachtet – war so ziemlich das Anzüglichste, was man sich damals trauen durfte: Ein Mann steht hungrig in der Küche und erwartet von seinem Schwarm, dass jetzt aber die Töpfe und Pfannen nur so klappern. Er hält sich für eine »one-eyed cat peepin' in a seafood store« – von da führt ein schlüpfriger Nebensinn zu sehr privaten Körperteilen. Wären Haley Hüftdrehung und Augenaufschlag leichter gefallen, er hätte noch weitaus mehr Herzen gebrochen als die seiner drei Ehefrauen. Doch der joviale Bandleader wollte vor allem gute Stimmung machen und den Soundtrack liefern für einen schnellen Partytanz mit akrobatischen Kunststückchen.

Die raue Seite des Rock'n'Roll – Widerstand, Aufruhr, Rebellion – zeigte die Band geradheraus in »Rock the Joint« aus dem Jahr 1952: »Tear down the mailbox, rip up the floor/ Smash out the windows and knock down the door«. Frustrierte Jugendliche sollten das noch wörtlich nehmen, indem sie Saal-Gestühle zertrümmerten. Bill Haley selbst fand diese Begleiterscheinungen peinlich. Tanzfieber ja, ein bisschen gereimte Anarchie auch, doch beim Krawall gegen die öffentliche Ordnung (und letztlich gegen die eigene Show) hörte der Spaß auf. Da verließ er mit den Comets lieber fluchtartig die Bühne. Von ihrer Erfolgswelle getrieben, kamen sie woanders zurück, ein wüster Revoluzzer aber, ein »Komet der Triebentfesselung«, wie ihn der Rheinische Merkur 1958 nannte, war Haley nun mal nicht. Im ersten Teil seines Werdegangs hatte er Country & Western bevorzugt, Cowboyhut getragen und zünftig gejodelt. Mit »Clock« gab der Rhythmusbolzen dann ganz ungewollt das Zeichen zur Attacke.

Sein Manager schickt den Song an alle möglichen Leute in Hollywood. Eine der Singles landet bei Peter, dem 10jährigen Sohn des Schauspielers Glenn Ford, der gerade »Blackboard Jungle« dreht. Eine unerhörte Story: Problemschule in der

Bronx, gewalttätiger Aufstand von Teenagern gegen Lehrer und System. Während des Drehs besucht Regisseur Richard Brooks die Fords, im Kinderzimmer spielt Peter ihm seine Lieblingsplatte vor – und Brooks macht das Stück zur Titelmusik des Films. Nach der Broadway-Premiere am 19. März 1955 hat Bill Haley seinen Ruf als Aufwiegler weg. Unfassbar, wenn man Onkel Clock'n'Roll putzmunter rocken hört und ihn auf Bildern seiner umtosten Tourneen sieht. Ein Anstiftungswunder mit kleiner Schmalzlocke.

Der fremdsprachigste Songtext

Wann jemals war ein Liebesanfall so direkt, offenherzig und leicht zu merken wie 1965 »My Baby Baby Balla Balla«? Dass die West-Berliner Rainbows sich in Verunglimpfungen ergingen, drang vor lauter Frohsinn nicht sonderlich durch. Die Titelworte werden zigmal wiederholt, dazwischen hören wir Balzrufe wie »hu!« und »aahh!«. In fünf Ländern hatte die Beatnummer Erfolg. Ganz andere Textschreiber experimentierten lieber hochgestochen oder so fremdsprachig, dass man nur Bahnhof verstand. Also rein gar nichts – oder fast.

Aphrodite's Child, die Griechen unter den genialen Pop-Rock-Bands, ließen sich zwei bizarre Songnamen einfallen. Der eine bestand aus einer liegenden Acht. Daneben in Klammern die Erklärung für Nichtmathematiker: »Infinity«. Das wissenschaftliche Unendlich-Zeichen beschwört hier entfernt die Ewigkeit des Christengotts – »the Lord God Almighty who was and is and is to come«. Im Song stimuliert dieser biblische Donnerhall eine ausgedehnte Kundgabe heftiger Fleischeslust. Rhythmisch schreit Gastsängerin Irene Papas sich minutenlang die Seele aus dem Leib: »I am! I was! I am to come!« Wieder und wieder: »I am! I was! I am to come!« Sie verschmelzt gewesenes mit künftigem Leben, das gerade neu entsteht – das beliebt-berüchtigte »Je t'aime ... moi non plus« von Monsieur Gainsbourg und Mademoiselle Birkin ist ein Lufthauch dagegen. Meist in Paris zugange, titelten Aphrodite's Child einmal auch lateinisch. »Hic et Nunc« heißt ein Stück, das sich im Refrain als eine Art Protestruf junger Leute entpuppt. Die antike Zwillingsformel singen sie englisch übersetzt: Here and now! Den Demonstranten von Fridays for Future ist das fordernde Agitprop-Stück bisher entgangen.

Strophe für Strophe in seiner Muttersprache sang der Japaner Kyu Sakamoko »Sukiyaki«, das 1963 wochenlang die amerikanischen Single-Charts anführte. Eine fernöstliche Originalversion die Nummer eins in den USA! Den Inhalt des heiter-traurigen Rührstücks verstand praktisch kein Mensch, was zum Glück auch für das Titelwort galt: Sukiyaki heißt ein japanisches Eintopfgericht. Der Originaltitel »Ue o muite aruk« (wörtlich: »Beim Gehen schaue ich nach oben« – damit die Tränen nicht nach unten laufen) erschien der Plattenfirma allzu kompliziert für westliche Ohren. Weil seinerzeit viele US-Soldaten aus Korea und Japan zurückkehrten, darf man spekulieren, ob das Lied trotzdem oder eben deswegen so gern gehört wurde. Lieber jedenfalls als konkurrierende Hits wie »Da Doo Ron Ron« (The Crystals) oder »It's My Party« (Lesley Gore).

Ein paar höchst exotische Silben fanden schon in den 1950er Jahren Eingang in Amerikas Top 20: Mit »The Lion Sleeps Tonight« – einem Weltvolkslied in lässig wiegendem Rhythmus und streckenweise aus voller Lunge zu singen. Am Anfang stand »Mbube« (sprich: iiim-bu-beh), was im südafrikanischen Zulu so viel wie Löwe bedeutet. Manche wollen im Ursprungslied zudem »mbube zimbe« (»Halt, Löwe!«) vernehmen. Länger ist die Mitteilung nicht, die den Song des Zulumanns Solomon Linda ausmacht. Linda hütete als Junge Rinder, deren Hauptfeind der Löwe war. »Mbube« brachte er 1939 in Johannisburg mit seinen Original Evening Birds heraus – eine A-capella-Erinnerung ans Tierehüten, zugleich die erste afrikanische Platte, die sich auf dem heißen Kontinent über 100.000 Mal verkaufte. Den Song bekommt zwölf Jahre später der amerikanische Folkmusiker Pete Seeger zu hören. Ihn reizen vor allem die herzbewegenden Juchzer in »Mbube«, einem Wort, das er leicht missversteht und 1957 mit The Weavers als »Wimoweh« in den USA bekannt macht. 1961 ergänzt George David Weiss das kurz angebundene Rufen um einen romantisierenden Text und nennt ihn »The Lion Sleeps Tonight«. Die Tokens erreichen damit Platz eins bei den Singles, zahlreiche Cover-Versionen folgen. Auch ein Disney-Film und ein Broadway-Musical (»The Lion King«) verschaffen dem kleinen Werk überall Sympathie. Es hätte seinen Schöpfer reich machen müssen, doch fremd und zauberisch ist das Lied, raubtierhaft und zumindest gedankenlos war der Umgang mit den Urheberrechten. Als Solomon Linda 1962 stirbt, sind auf seinem Bankkonto 25 Dollar. Jahrzehntelang geht der millionenschwere Löwen-Anteil der Tantiemen in große Taschen weit weg von Südafrika. Erst 2006 entwirren

Anwälte vor Gericht das Verwertungsknäuel aus »Mbube«, »Wimoweh« und »The Lion Sleeps Tonight«. Das bringt wenigstens Lindas Erben die Summen, die ihnen im Dschungel des Musikbusiness zustehen.

Der gefährlichste Instrumental-Hit

Dass dieses Stück überhaupt auf den Markt kam und gar zum Millionenseller wurde, verblüfft mehr als ein Royal Flush beim Poker. Gleich drei Vorzeichen sprachen gegen eine Veröffentlichung von »Rumble«. Erstens ist es Musik ohne Worte. Reine Instrumentals sind 1958 zwar nicht völlig unüblich, aber ein Umsatzwagnis. Zweitens bleibt die Handlung auf der E-Gitarre minimal. Für eine Rock-Nummer bedrängend langsam, wiederholt Link Wray, Hauptgitarrist und Sänger bei seinen Raymen, wenige raue Klangmuster. Er ballt drei Akkorde in ein simples Wechselspiel, bringt Zeitlupen-Rock, der fest zupackt, und spickt das Ganze noch mit neuartigen Extras: Übersteuerung, Rückkopplung und wahrscheinlich erstmals an prominenter Stelle den Powerchord, der so viele Riffs seitdem schön füllig und breit macht. Ein Paket aus zwei oder drei Tönen, leicht zu greifen und zu verschieben. Auf Sounds und Effekte erpicht, löchert der Shawnee-Indigene aus North Carolina der Sage nach mit einem spitzen Schreibstift die Amp-Lautsprecher und erzeugt so seine eigene Gitarrenverzerrung.

Die dritte Verwegenheit in »Rumble« ist das Titelwort. Es bedeutet soviel wie Straßenschlägerei – mit einem Beiklang von rollendem Donner, von Protest und Aufruhr. Sittenwächter versetzte das in Alarm. Mehrere Radiostationen verbannten die Nummer auf ihre Do-not-play-Liste, obwohl doch keine Stimme, keine Silbe zu vernehmen war. Im Publikum und bei Link Wrays Kollegen aber schlug der Risiko-Rock durch. »He is the king«, meint Pete Townshend von The Who. »If it hadn't been for Link Wray and Rumble, I would have never picked up a guitar.«

Die Fleißigste im Selbstcovern

Johnny Cash machte 1959 wohl den Anfang. Als Soldat der Air Force hatte er in Landsberg am Lech genug Deutsch gelernt, um in dieser Sprache ein paar seiner Titel einzusingen. Die Aufnahmen verschwanden vorerst im Archiv der Plattenfirma, vier wurden 1966 entstaubt und auf zwei Singles veröffentlicht. Ein markantes Eigengewächs des Countryhelden war mit dabei: »Ring of Fire« mutierte zu »Wer kennt den Weg« und rasselte genauso durch wie seine anderen Angebote für den hiesigen Hörermarkt. Nicht besser erging es fast allen Aberhundert Amerikanern und Briten, die ihre Hits noch mal in deutscher Übersetzung sangen. Dabei waren es historische Taten, denn lange völkische Jahre hindurch war fremder Akzent in Deutschland verpönt oder verboten gewesen. Auch nach dem Zweiten Weltkrieg trieften zunächst noch heimatliche Töne.

Nur die Wenigsten verstanden Englisch. Folglich verdonnerten jetzt vor allem US-Labels ihre Stars, musikalisch eingängiges Material »in German« für das Land mit der harten Mark und den seltsamen Umlauten zu präsentieren. »Huppsches Froilein« und »grune Walder«: Eine Qual für die Original-Interpreten, die meist kein Wort Deutsch sprachen! Dolmetscher und Sprachlehrer malten schön groß Lautschriftzeichen auf die Rückseiten von Tapeten und hielten sie den Akteuren im Studio hin.

Aber selbst klingende Namen nutzten nichts – nur wenige Bands und Solisten hatten Erfolg mit dieser Masche. The Beach Boys gingen mit »Ganz allein« (»In My Room«) baden, Chubby Checker setzte »Der Twist beginnt« (»Let's Twist Again«) in den Sand. Dionne Warwicks »Geh vorbei« (»Walk on By«) scheiterte ebenso glatt wie »Baby, Baby, wo ist unsere Liebe« (»Where Did Our Love Go«) von The Supremes oder »Wie schön das ist« (»How Sweet it Is«) von Marvin Gaye. Vielleicht zwei Dutzend der Radebrecher kamen auf einen grünen Zweig. Petula Clark und Cliff Richard sangen je 20 Singles auf Deutsch ein – die Aussprache der beiden war mit der Zeit immer besser zu verstehen.

Mit Abstand die Fleißigste im Selbstcovern war indes eine zierliche Amerikanerin: Connie Francis brachte allein in Deutschland 35 Singles unter, weit vorn landete »Die Liebe ist ein seltsames Spiel« (»Everybody's Somebody's Fool«). Gefühliger Pop eher als Rock, dann zunehmend Dudelmusik für Erwachsene machten Francis weltbekannt in den 1960er Jahren. Und das lag eben auch an ihrer Eigenvermarktung in aller Herren Länder. Etwa 100 Cover-Versionen ihrer Hits nahm sie auf, in den führenden westlichen Idiomen sowieso und obendrein auf Japanisch, Hebräisch, Hawaiisch, Rumänisch – 15 Sprachen insgesamt. Am Ende hätten die allseits beliebten Träumereien von Connie Francis eine ganze Jukebox füllen können: »Who's Sorry Now?« … »Where the Boys Are« … »Breakin' in a Brandnew Broken Heart« …

Die vorbildlichste Diskothek

Man würde diesen Prototyp an Themse oder Hudson vermuten, ohne Weiteres auch in L. A. oder Rio. Wo das Musikgeschäft heiß läuft und Tanzmoden entstehen. Deutsche Domstädte mit Kurpark halten sich da eigentlich heraus. Aachen jedoch gilt als Geburtsort der ersten langlebigen Diskothek. Die Formel im örtlichen Scotch Club zog jedenfalls Kreise: Aktuelle Vinylplatten + redebegabter Jockey = volle Tanzfläche.

Am 19. Oktober 1959 kommt es zur Urzündung. Über dem Scotch Club, bis dahin ein Speiselokal, schwebt der Pleitegeier. Nicht zuletzt die abendliche Live-Band geht ins Geld, und Inhaber Franzkarl Schwendinger, ein Österreicher, fasst den gewagten Plan: Ein Discjockey soll den Küchenchef ersetzen und statt Mahlzeiten Tanzmusik von der Schallplatte servieren. Doch was Radiosender bereits gut hinbekommen, wird in dem Kellerraum beinahe ein Debakel. Schwendinger engagiert für jenen Oktober-Abend einen Opernsänger, der kommentarlos klassische Musik abspielt. Peinliche Langeweile macht sich breit, einige Gäste ziehen frühzeitig weiter. Scotch Club am Ende – wäre da nicht ein Zeitungsvolontär, der laut hörbar lästert. Der Veranstalter greift zum letzten Strohhalm und ermuntert den Zwischenrufer: »Machen Sie's selber!« Jungjournalist Klaus Quirini geht stracks zum Mischpult, legt mit witzigen Sprüchen einen Schlager auf, und alles johlt, klatscht, tanzt. Die Eröffnung ist gerettet.

Es ist der Stapellauf einer Unterhaltungsform, die neben deutschen Einspielungen viel Brandneues auf Englisch und Französisch verbreitet. In dem Aachener Untergeschoss drehen sich die schwarzen Scheiben über drei Jahrzehnte oft bis früh um vier. Quirini nennt sich bald DJ Heinrich – hoch aufgeschossen, schwarze Hornbrille. Für stattliche 800 Mark Monatsgage tauscht er Schreibmaschine gegen Plattenteller. Heinrich moderiert fantasievoll und sekundenschnell. Heinrich macht spielerisch vor, wie Rock'n'Roll und Twist gehen. Heinrich begrüßt Stars und Sternchen, die an der Basis testen, ob ihre Musik ankommt. The Rattles, The Lords, Giorgio Moroder, Peter Maffay, Udo Jürgens singen hier auf Tuchfühlung mit dem Publikum.

Irgendwann heißt die Tanzbar im Volksmund Diskothek. Draußen warten regelmäßig Menschenschlangen, junge und nicht mehr ganz so junge Leute, die zum gepflegten Stadtkern passen. Denn der beliebte Treff ist zwar im Wortsinn underground, aber nicht antibürgerlich. Kein Schmuddelschuppen, keine Drogenhöhle – wenn man vom Konsum des Schotten-Trunks einmal absieht. Ein älterer Herr macht den Portier: Männer ohne Jackett und Krawatte lässt er nicht vorbei. Strikt abgewiesen werden beispielsweise Radio-Luxemburg-Jockey Frank Elstner und der spätere Deutschrocker Udo Lindenberg. Ebenso unerwünscht sind anfangs noch Damen in Hosenbekleidung.

Die Neuheit wird zuerst in Aachen kopiert, das mit über 40 Diskotheken zur Top-Adresse einer ganzen Szene wird. Gastronomen pilgern grenzüberschreitend herbei und wollen vor allem Heinrichs Plattenshow sehen. Sie spüren: Hier rollt eine Welle. Nach acht Jahren verabschiedet sich Vorreiter Quirini, um anderen Diskotheken auf die Sprünge zu helfen, die Branche zu organisieren und sie gesellschaftsfähig zu machen. Ein Gerichtsurteil bestätigt 1973, dass Platten-Plauderer in Discos ähnlich wie Conférenciers eine geistige Tätigkeit ausüben.

Der Club, wo alles anfing, muss 1992 schließen. Der Vermieter gibt einer Modeboutique den Vorzug. Von außen erinnert heute nichts mehr an den aufregenden Treffpunkt von einst. Dennoch sollte man bei nächster Gelegenheit hingehen und eine Gedenkminute einlegen. Die schmale Straße im Stadtzentrum heißt Dahmengraben mit h, Hausnummer 16.

Die sportlichste Rockmusik

Stehvermögen in frischer Brise und weißer Gischt! Tanz mit dem Ozean unter blauem Himmel! Rund drei Jahre waren einige E-Gitarristen Wellenreiter. Ihr Surfrock war so schnell und lebenslustig wie der Spaß auf den Brettern und Wogen vor Südkalifornien. Ein schnittiges Dahintreiben.

1961 erscheint die erste Single dieser Bewegung: »Mr. Moto« von The Bel-Airs aus Los Angeles. Man mag die fünf Teenager dort für ihre Partylaune. Harter Anschlag, insgesamt aber mehr flirrende Romantik als rauer Rock'n'Roll. Reichlich Nachhall, tremolierende Schlangenlinien – Optimismus ohne Gesang. Zwei Gänge höher schalten Dick Dale und seine Del-Tones. Ein halsbrecherischer Stakkato-Stil und orientalisch abgeschmeckte Melodien machen den Linkshänder national bekannt. Kommerziell die schönste Überraschung im Surfrock sind The Surfaris, eine Bande High-School-Kids, die 1963 mit »Wipe Out« auf Platz zwei der US-Charts zischen. Der Sound schwappt nun auf etliche Länder über und kommt auch hinter dem Eisernen Vorhang an: In der DDR spielt das Franke-Echo-Quintett mit gebremstem Schaum die »Melodie für Barbara« – fast mehr ein Ausritt nach Country-Art.

Die Welle bricht 1964. Just im Sonnenstaat am Pazifik starten die Beatles ihre erste große USA-Tour. Amerikanischer Pop muss sich hinten anstellen, instrumentale Surfmusik geht praktisch unter, taucht aber gelegentlich wieder auf. 1994 etwa, als Hollywood-Regisseur Quentin Tarantino für seinen Erfolgsfilm »Pulp Fiction« einen Dick-Dale-Hit reanimiert.

The Beach Boys?! Erzeugten zweifellos »Good Vibrations«, Songs wie »Surfin' USA« gingen nach vorne los. Doch waschechter Surfrock fühlte sich anders an, griff vital in die Saiten. Das reichte den Strandjungen um Brian Wilson nicht – er machte sich auf zu anderen Brandungen.

Die umwerfendste Show-Einlage

Rambazamba an der Rampe: Schon vor Alice Coopers um-
gehängter Kobra und Michael Jacksons Moonwalk war man
bemüht, beim Auftritt nicht nur herumzustehen. Die einen
hielten sich dankbar am Mikrofon fest und taten möglichst
bedeutsame Schritte. Andere schlenkerten das Mikro wie ein
Lasso, stampften, zuckten und hüpften, bogen sich fast nach
Art der Limbotänzer. Chubby Checker schob seine Hüfte
leicht kreisend vorwärts, beidfüßig schien er pausenlos Ziga-
retten auszutreten – molliger und elastischer hat kein zweiter
Sänger einen Paartanz beworben. Anfang der 1960er twis-
tete er in Anzug und Krawatte ein Stück sexuelle Freiheit.
Dass der Twist länderübergreifend wirkte, lag nicht zuletzt
am zumutbaren Ausmaß der Verdrehungen. Im Unterschied
zum Rock'n'Roll konnte man sie recht einfach mitmachen,
auch schon etwas reifere Jugendliche überwanden ihre Scheu.
»Heee, around and around, and up and down we go again!«

Mal zappelnd, dann wieder energisch ruckend war Stevie
Wrights Vorfreude, wenn der Leadsänger der Easybeats »Fri-
day on My Mind« darbot. Wochenend-Sehnsucht in Aktion.
Freddie Mercury und seine Mannen inszenierten nachfühlbar,
was »Body Language« meinte. Die Sprache, die wir alle jeder-
zeit sprechen – bewusst oder unfreiwillig, ob wir Musik zum
Besten geben oder nicht. Musik und viel Bodenhaftung ver-
knüpften The Rivets aus Hamburg. Bis auf den Drummer warf
das Quartett sich regelmäßig flach auf den Rücken und spielte,
während die Beine in der Luft radelten. Damit die hellblau-

en Bühnenhemden sauber blieben, hatten die Jungs für ihre Show-Einlage extra einen Teppich ausgerollt. Hörenswert waren die Rivets auch. Immerhin durften sie Hendrix, Stones, Who im Vorprogramm begleiten. Und wenn mich nicht alles täuscht, waren sie im deutschen Beatwesen die einzige namhafte Band, die dreistimmig sang.

Der schlagfertigste Tenor

Große Klappe und was dahinter. Auf die Tour hat Muhammad Ali sich nach oben geboxt und auch noch dreist-verspielt Rap und Hip Hop vorweggenommen: Um den Gegner durch Eigenlob und Hohntiraden zu entnerven, quasselte und assoziierte, schimpfte und reimte das gewitzte Großmaul unentwegt vor sich hin. Eine Kostprobe aus seinem reichen Sprüchevorrat – zum Fingerschnippen und Mitbrüllen: »I'm king of the world! I'm pretty! I'm a bad man! I shook up the world! I shook up the world! I shook up the world!« 1963 präsentierte der 21-jährige Draufgänger Cassius Clay, wie er damals noch hieß, eine LP mit derlei Kraftprotzereien. Bescheidener Titel des Albums: »I am the Greatest«. Monate später wird es für einen Comedy-Grammy nominiert – 500.000 verkaufte Exemplare kommen zusammen. Auch von seiner Singstimme ist der frühreife »GOAT (Greatest of All Time)« hinreichend angetan. Unmittelbar nach seinem sensationellen K.-o.-Sieg über Weltmeister Sonny Liston legt Columbia Records 1964 eine erstaunlich ehrgeizige Single des neuen Champions vor. Die A-Seite ist seine Version von Ben E. Kings Erfolg »Stand By Me« – eindringlicher Rhythm & Blues. Zu hören ist ein durchaus ernsthaft und sicher intonierender Tenor, der sich bis auf zwei Plätze an die amerikanischen Top 100 heransingt. Es bleibt die gelungenste Gesangseinlage des Schwergewichtlers, mehr bewirkte auch sein sachkundiger Berater im Studio nicht – ein Mann mit Honigstimme, der begnadete Soul-Interpret Sam Cooke. Neben ihm war der smarte Puncher ein braver Lehrbub.

Bei uns daheim bekamen wir diese Fußnoten zu Alis Aufstieg nicht mit. Nur wenn er die Handschuhe überzog und eine dicke Lippe riskierte, wirkte das bis ins Wohnzimmer und veränderte Tagesläufe – den meines Vaters zumindest. Er war Taxifahrer, Bierkutscher, Soldat, Kriegsgefangener, angeknackster Überlebenskünstler, spielte ab und zu Volksliedchen auf der Mundharmonika. Ein Buch las er nie, Kinofilme langweilten ihn, weil er da zu viel Illusion witterte. Und ja, dieser Mensch aus dem flachen Rheinland stand im Morgengrauen auf und fixierte gebannt den Fernsehschirm, um den Schwarzen in den weißen Shorts zu erleben. Sein abwartendes Gleiten, ein Schweben fast, dann blitzschnelle Schrittwechsel, bevor seine Fäuste flogen. Das Schlag- und Kunstfertige in so einem Kampf muss den Frühaufsteher überzeugt haben. Als eines Abends im selben Fernsehen die Beatles aufkreuzen, guckt er stumm von einer Klappleiter hinüber, wendet sich bald ab und tapeziert kopfschüttelnd weiter. Da fragt man sich, wer eigentlich mehr Popkultur unter die Leute brachte: Der Größte im Ring oder die Größten im Musikzirkus.

Der Akkord des Jahrhunderts

»One – two – three – four!«, tönt es im EMI-Studio 2 an der Londoner Abbey Road. John Lennon zählt forsch ein – wieder mal. Die Beatles holen öfter Schwung an diesem 16. April 1964. Drei Stunden werden sie brauchen, bis ein Song aufgenommen ist, den Lennon erst am Vortag geschrieben hat: »A Hard Day's Night«. Täglich hart gefordert ist die Band ganz real, denn sie produziert gerade ihre neueste Langspielplatte und dreht noch dazu einen turbulenten Musikfilm. John Lennons Komposition soll sowohl den Kinostreifen als auch die LP zugkräftig eröffnen. Schon der erste Takt hat es in sich.

»A Hard Day's Night« startet mit einem Akkord, der beim ersten Hinhören wie verunglückt klingt, nicht vereinbar mit den Harmonien, die Rock und Pop sonst prägen. Solo geschlagen, metallisch angehaucht, von null gleich ein Sprung ins Weite – diese Alleinstellung eines Zusammenklangs hat es bis dahin nie gegeben. Er gleicht einem befreienden Signal, einem Aufruf, der die populäre Musik des Jahrhunderts überstrahlt. Vollends Entzückte jubeln vom Akkord für die Ewigkeit!

Gitarreros, die den Einstieg nachspielen wollen, seien gewarnt: Keine leichte Sache! Ein einzelner Schlag bloß, doch wo genau hat George Harrison die zwölf Saiten seiner E-Gitarre niedergedrückt? Welche ließ er offen schwingen? Das Griffbild ist ohnehin nur ein Teil der Wahrheit. Hellhörige haben nämlich genau gelauscht und sagen: Unterlegt wurden noch ein hohes D von Paul McCartneys Bass und eine Akkord-Verdoppelung vom Klavier des fünften Beatle George Martin. Dann erst war der Geniestreich perfekt.

Ringo Starr setzt dem Song mit dem famosen Einklang das Krönchen drauf. Nach einem langen Drehtag und anschließendem Club-Besuch murmelt der Drummer nur noch: »A hard day's night ...« Eines harten Tages Nacht? Gewöhnlich heißt es »a hard day's work«. Das konnte nur Ringo so schrullig verdrehen.

Spurenelemente auf Deutsch

»Fun, fun, fun of the Autobahn ...« Was? Wie bitte? Ja doch, es stimmt, manche Hörer haben die vier unterkühlten Herren von Kraftwerk unwillkürlich in die Nähe der Beach Boys und ihrer Spaß-Lyrik gerückt. In der internationalen Rock-Arena rechnete 1975 einfach niemand mit einem komplett deutschsprachigen Text. »Wir fahr'n, fahr'n, fahr'n auf der Autobahn«, so besingen, besser: konstatieren Kraftwerk, in erlesener elektronischer Monotonie, ihre Eindrücke von Fernstraßen. Klanggewordene Mobilität ohne Ende. Die Refrainzeile wird dutzendfach wiederholt, zwischendrin fünf weitere Sätze auf Deutsch, die plötzlich cool durch die Charts kreuzen.

Bis dahin war diese Sprache weltweit so chancenlos wie Dänisch oder Tschechisch. Aber hin und wieder hörte man sie doch. Wer nach solchen Momenten forscht, stößt auf Chuck Berrys »Roll Over Beethoven« – jene atemlos wiederholte Einladung, der große deutsche Tonsetzer möge sich auf die Seite der Rock'n'Roll-Musik schlagen und dem Kollegen Tschaikowsky bestellen, Klassik sei out.

Die US-amerikanisch-kanadische Rockband Steppenwolf zog ihren Namen 1968 den englischen Begriffen coyote oder lone wolf vor. Dazu angeregt hatte sie Hermann Hesses gleichnamiges Romanwerk um eine innerlich zerrissene Existenz. Im Grunde ist die Hauptfigur nämlich ein sanftmütiger, angepasster Mensch, tief drinnen aber fühlt er sich einsam und »Born to Be Wild« – Steppenwolfs grimmiges Bekenntnis zu wilder Begierde.

Ansonsten führt die sprachliche Schürfarbeit zu einigen Kleinstädten und in die große Stadt am Main. Elvis Presley etwa ist es gelungen, ein namenloses Nest aus einer schwäbischen Volksweise auf Platz eins in England und Platz zwei der deutschen Verkaufsparade zu singen. Als G. I. war er im hessischen Friedberg stationiert, nebenan in Bad Nauheim hat er gewohnt. Eine Folge des Aufenthalts war dieser Ausflug ins deutsche Liedgut: »Muss i denn, muss i denn zum Städtele hinaus, Städtele hinaus und du mein Schatz bleibst hier«, trauert der King in schmelzendem Tonfall und behäbigem Polka-Rhythmus. Zwei Strophen bringt er ganz ordentlich auf Deutsch zuwege und wird dafür bis heute geliebt. »The only person who can't make German sound aggressive«, hat ein feinhöriger Fan im Internet kommentiert. Die im Übrigen englisch vorgetragene Fassung des Lieds (umbenannt in »Wooden Heart«) lässt den Namen des Städteles ebenfalls offen. »Der Schatz« indes war bekannt: Die Teenagerin Priscilla Beaulieu, die Presley in Bad Nauheim kennengelernt hatte und in den USA ehelichte. Im Song »Frankfort Special« – so hieß ein Sonderzug der Army – hat Elvis eine weitere deutsche Vokabel so gut es ging ins Englische übertragen: »Froileins«. Kurios, dass diese äußerst schnelle Rock'n'Roll-Nummer kein Presley-Evergreen wurde.

Noch eine Station in Hessen: Ein elegantes Heilbad am Fuß des Taunus hat die englische Band Procol Harum zum Titel erhoben – »Homburg«. Freilich war die Gruppe nie da, hat mit dem Song auch mitnichten den Hauch baulicher Eleganz, das Spielcasino oder den weitläufigen Kurpark gemeint. Die betreffende Textzeile geht so: »You'd better take off your Homburg 'cos your overcoat is too long.« Oder als lockere Empfehlung formuliert: Deinen Homburg nimmst du besser ab, passt einfach nicht zum überlangen Mantel. Der deutsche Ausdruck bezeichnet hier nicht die Stadt selbst, sondern den nach ihr benannten Herrenhut: Nobler Filz, hochgebogene Krempe, oben ein Mittelkniff. Das steife Stück kam weltweit in Mode, nachdem man es für einen Landsmann von Procol Harum in Bad Homburg gefertigt hatte. Der britische Thronfolger Prinz Edward, nachmalig Edward VII, kurte dort öfter. Der Ratschlag in dem sonst ziemlich verzwickten Text leuchtet nach alledem sofort ein.

Ernst und nachdenklich stimmt der Deutschlandbezug in einem erfolgreichen Friedenssong. »The Universal Soldier« aus der Feder der Sängerin Buffy Sainte-Marie (jawohl – Feder, denn sie ist die Tochter kanadischer Natives vom Stamm der Cree). Sainte-Marie ruft 1964 dazu auf, die Waffen gar nicht erst anzufassen und auf die eigene Verantwortung zu hören – egal, wer wo an der politischen oder religiösen Front befiehlt. Die fünfte Strophe beginnt mit der NS-Barbarei in Deutschland und erwähnt jenes oberbayerische Städtchen, das damals einen üblen Ruf bekam: »But without him how would Hitler have condemned them at Dachau?« Wort für Wort und etwas verdeutlichend: Ohne ihn, den ewig gleich tötenden Schergen – wie hätte der Obernazi die nach Dachau geschleppten Menschen zugrunderichten können?

Der schottische Barde Donovan sang die Hymne recht dröge nach und machte sie trotzdem erst wirklich bekannt. Allerdings ohne Dachau, das er durch Liebau ersetzte. Liebau war der zwangsverdeutschte Name des polnischen Lubawka, ehedem Standort einer Ertüchtigungsstätte der Hitlerjugend. Warum der Namenswechsel in Donovans Version? Wohl ein Gedenken an die Jugendlichen, die von ihren Lehrern und Ausbildern systematisch verbogen wurden. So hat ein großes Antikriegslied auch an eine kleine polnische Stadt erinnert.

Um es wenigstens angemerkt zu haben: Der schräg experimentierende Captain Beefheart hat mit seinem »Dachau Blues« versucht, den Leidensort zu würdigen. Beachtliche Verse. Aber wie passen sie mit der drollig trödelnden Stimme zusammen? Gar nicht.

Zu fragen wäre noch, wieso eigentlich kein Solist, keine Band auf Hamburg oder München abfuhr. Auch Neapel, Moskau, Madrid, Paris, Wien fanden ja gelegentlich Erwähnung – obwohl die entsprechenden Künstler nie dort gastierten. Hamburg aber war für Hochkaräter ein Magnet. Im Star-Club gab Jimi Hendrix berauschende Konzerte. Das verruchte St. Pauli war alles in allem zehn Monate lang Hüpfburg der Beatles, bevor ihr Weltruhm losbrach. Nirgends traten sie jemals häufiger auf als hier im Hamburger Amüsierbezirk. »No Hamburg, no Beatles«, wie ein Rock-Historiker feststellte. Doch greifbare Verweise auf lange, wilde Shows, Erinnerungen an fürsorgliche

Muttis oder unkomplizierte Mädchen, an Gangster und Schläger im Publikum oder Ausflüge zur Waterkant – man sucht sie vergebens in den gesammelten Werken der Fab Four. Derlei zu verwerten, überließen sie gewissermaßen Udo Lindenberg, der »Penny Lane« deutsch getextet und auf das St. Pauli der frühen Sechziger umgepolt hat.

Und das bayerische Kraftzentrum? Schwingendes, aufmüpfiges Schwabing! Isarflimmern! Heiße Deals im Englischen Garten! Nichts davon im Wortrepertoire von Hendrix, Uriah Heep, Pink Floyd oder T. Rex, die oft genug im Blow Up spielten und in den Musicland-Studios Alben aufnahmen. Einzig das geteilte Berlin hat eine Reihe von Musikern deutlich inspiriert. Während seiner entzugreichen Zeit an der Spree trat David Bowie von 1976 bis 1978 öfter in die Pedale eines Hollandrads. Für Teilaufnahmen einer LP-Trilogie fuhr er zu den Hansa Studios mit Blick in den Osten. Sein Songtext zu »Heroes« ist einer der wenigen überhaupt, die die Mauer zum Thema machen und den Bowie beherzt auch auf Deutsch sang. Ein Arbeiterviertel fand sich, nicht ganz richtig geschrieben, in seinem Instrumentalstück »Neuköln« wieder. Mindestens so volksnah hörte man schon Mitte der 1960er ein Quartett aus Birmingham. Die eigentlich mit Rhythm & Blues glänzende Spencer Davis Group hatte einen Bandleader, dem die Mauerstadt Jahrzehnte hindurch gut vertraut wurde. Davis studierte nach dem Krieg in England Deutsch und besuchte West-Berlin häufig. Er erlebte den Bau der Betongrenze, beobachtete am Checkpoint Charlie, wie sowjetische und US-Panzer anrückten, mit einem Sohn sah er die Mauer fallen. Mitte der 1960er spielte seine Band in – typisch Berlin – Clubs ohne Sperrstunde, und Spencer Davis machte sich gekonnt an die lokale Mundart heran. Akzentfrei ließ er den Gassenhauer »Det war in Schöneberg« erklingen, erinnerte sich später allerdings ungern daran.

Die dramatischste Pause

Die blanke Leere. Nichts. Schweigen. Eigentlich ein Unding in einer dauerpulsierenden Branche, die Musikstücken selten mehr als drei Minuten zugesteht. Da zählt jede einzelne Sekunde. Aber schon Mozart wusste: »Die Musik steckt nicht in den Noten, sondern in der Stille dazwischen.« Etliche Song-Komponisten und Arrangeure haben diesen Trick angewandt. Was wäre einer der kühlsten Schmachtfetzen der 1960er, »Wild Thing« von den Troggs, ohne den vielsagenden Schnitt bei 1 Minute 42 (»You move me …«)? Immer noch gut dosierter Beat, das schon, nur längst nicht so spannend zwischendurch. Erst nach einem Break von handgestoppt fast zwei Sekunden – wham! – ein Stromschlag auf A-Dur und Sänger Reg Presley meldet sich zurück: »… Wild thing!« Oft sind Pausen schlichtweg Lückenfüller: Ein Song der Gentrys etwa war zu kurz geraten. Bloß 1 Minute 33 – das hätte kaum jemand gekauft. Also einfach eine Unterbrechung angehängt, den Refrain wiederholt und verlängert - fertig. Am Schluss waren es 48 Sekunden mehr. So hat die Band 1965 ihr »Keep on Dancing« ziemlich weit nach oben in die Charts gebracht.

Weniger pragmatisch als vielmehr dramatisch haben die Four Tops für »Bernadette« pausiert. Etwa zwei Minuten jammert und fleht Sänger Levi Stubbs, Bernardette möge ihn bitte, bitte nicht allein lassen. Dann eine langgezogene Note vom Frauenchor – und eine geschlagene halbe Ewigkeit ... eins ... zwei ... drei ... nichts! Stille. War es das? Nein, der Verzweifelte schreit es abermals hinaus: »Bernadette!« – und müht sich vergebens weiter.

Der Piratensender mit Kennedy-Faktor

Sie sind weder konflikt- noch wasserscheu, dafür zäh und clever. Seetüchtige Kerle halt, die so schnell nichts umbläst. Schon gar nicht, wenn sie sich mit der Obrigkeit anlegen und Gesetze umschiffen. Solchen Vorstellungen vom Piratenleben ist kein Sender nähergekommen als das englische Radio Caroline. Zur Wahrheit über diese Hörfunk-Korsaren gehört aber auch: Ihr Kampf war gerecht.

»This is Radio Caroline on 199, your all day music station.« Als sich zwei nervöse Moderatoren Ostern 1964 vor Englands Südküste melden, allein auf einem Schiff in der tosenden Nordsee, da endet schlagartig ein Monopol der hochnäsigen BBC. Nur sie darf in Großbritannien senden, für Popmusik hat sie pro Woche exakt eine Stunde übrig. Lieblingsgruppen wie Beatles, Hollies, Searchers, Sänger wie Georgie Fame oder Eric Burdon bleiben außen vor. Der erste Song nach der historischen Ansage auf dem Meer ist Programm: »Not Fade Away« von den noch ganz frühen Rolling Stones.

Gut 26 Jahre lang und mit Zwangspausen produzieren die unbeugsamen Radiomacher von insgesamt fünf Schiffen aus, eines fast so klapprig wie das andere. Ob ständig neue Lecks aufspringen, Wasser durchs Studio schwappt oder die Behörden ein Abschalten verhängen – der wohlhabende Gründer und Musikmanager Ronan O'Rahilly weiß sich zu helfen. Lässt anfangs eine alte Passagierfähre sendertauglich machen. Postiert sie drei Meilen vor der Küste, knapp außerhalb der britischen Hoheitszone. Gewinnt aus dem Nichts über sieben Millionen Hörerinnen und Hörer, die sich von der BBC abwenden. Und hält stand, als der Postminister wahrheitswidrig behauptet, Radioschiffe blockierten Notruf-Frequenzen – eine der staatlichen Attacken, die zum generellen Verbot schwimmender Sender führen. Die regionalen Nachahmer des Jugendkanals geben nun auf, Radio Caroline macht weiter.

Die jungen Radiopiraten sind keineswegs Leichtmatrosen. Abwechselnd stellen sie wochenlang keine Ansprüche an Komfort und Entlohnung, gehen beinah unter in haushohen Wellen und notorischer Finanznot. Patrouillen-Boote tricksen sie aus: Wenn sich die Regierungsbeamten seekrank schlafen legen, funken die Disc Jockeys Versorgungsboote an, die herübereilen und das Aushungern durchkreuzen. Das oftmals dramatische Katz- und Maussspiel kommt nicht nur Musikfans in England zugute. Die europäische Radiolandschaft wird vielfältiger, auch dank holländischer und dänischer Privatsender, die gleichfalls schwarz operieren. Rock und Pop werden von nun an anders präsentiert: Die Moderatoren reden schnell, witzeln gern, sprechen in bereits gestartete Songs hinein, all das unterbrochen von eingestreuten Werbejingles und Nachrichten.

Der härteste Schlag gegen Ronan O'Rahillys Schiffsmannschaft passiert am 19. August 1989. Britische und holländische Truppen entern das Studio, zerren die DJs von den Mikrofonen und zerstören die Einrichtung. Davon erholt sich Radio Caroline nur noch schwer. Etwas Funktechnik ist beim Überfall versteckt worden, die Sponsoren und ein Verein kümmern sich geduldig um die Restaurierung des letzten Schiffs. In den späten 1990ern steigen die Betreiber auf Satellitenübertragung um, gehen schließlich ins Internet, wo es den Sender bis heute gibt. Er sitzt jetzt längst auf dem Festland und arbeitet seit 2017 sogar mit offizieller Lizenz samt Frequenz – geschenkt von der BBC.

Seitdem die einstigen Quertreiber legalisiert sind, ist es mit ihrem Kennedy-Faktor nicht mehr weit her. Der Name erinnert noch daran: Caroline. Er entstand, als Ronan O'Rahilly zufällig auf ein Foto mit John F. Kennedy blickte. Kennedy am Schreibtisch im Oval Office. Wichtiger findet der Betrachter, was sich vor dem Tisch auf dem Fußboden tut. Dort spielen, tanzen, toben die zwei kleinen Kinder des US-Präsidenten, Caroline und John. Ihren Vater wird das doch wohl bei der Arbeit stören, denkt sich O'Rahilly, und genau das soll fortan auch seine kleine wendige Radiostation – den Regierenden ganz schön dazwischenfunken.

Der radioaktivste Song

Sie hießen Kessy, Jerry, Jonny und Filou ... Fröhlich plappernd und singend machten sie Laune, waren anhänglich und vor allem leichtgewichtiger als ihre klobigen Vorfahren. Peggie war zudem elegant, trug rotes, braunes oder sektfarbenes Leder und kam mit ihren Geschwistern weit herum. In über 70 Länder schickte die kleine Firma Akkord aus dem pfälzischen Herxheim ihre Sprösslinge – sogenannte Koffer- oder Transistorradios zum Mitnehmen in jeder gängigen Hand- oder Jackentasche. Neben Industrie-Goliaths wie Philips, Telefunken oder Raytheon war der Familienbetrieb ein pfiffiger David, der unaufhaltsam Pop verbreitete. Ohne das Wunderding Radio, das elektromagnetische Wellen aus dem Äther in Schall verwandelt, wäre viel weniger gelaufen. Kreativ wie kommerziell. Und damit zu der Wortspielerei, die sich aufdrängt. Welcher Song ging im erfolgsbestimmenden Medium am häufigsten auf Sendung – war demnach am radioaktivsten?

Noch niemand hat diese Höchstmarke zu messen gewagt – wie denn auch für all die Sender, Länder, Jahre? Zwei Strichlisten erlauben immerhin leise Vermutungen über die Gipfelplätze vor der Jahrtausendwende, begrenzt auf die Schwerpunkte USA und GB. Der amerikanische Radio- und TV-Rechteverwerter BMI (Broadcasting Music Incorporated) und Datenfreak Dave Whitaker haben nachgezählt (Whitaker geht bis 2014 und verwertet Quellen, die Jukeboxes, Supermärkte, Aufzüge einbeziehen). Beide präsentieren zwangsläufig abweichende Ergebnisse und dämpfen manches Bauchgefühl: Led

Zeppelins berühmte Hard-Rock-Delikatesse »Stairway to Heaven« geht auf den 100 BMI-Rängen und in Daves Liste (83 Plätze) leer aus! Es gebe für eine Platzierung keine offiziellen Belege, erläutert Whitaker. Und überhaupt sei die rein radiophone Faktenlage schwierig zu erkunden. BMI kommentiert die Fehlanzeige trotz Nachfragen nicht.

Nächste Verblüffung: Laut BMI ganz oben – 8 Millionen Ausstrahlungen gegen 11 Millionen und Platz zwei in Daves Bilanz – landet eine langsame, schmerzerfüllte Soulnummer der Righteous Brothers: »You've Lost That Lovin' Feelin'«. War 1964/65 ein Bestseller, ließ den deutschsprachigen Raum eher kalt.

Übereinstimmend Platz drei erreicht, wen wundert's, »Yesterday« von den Beatles, in der BMI-Liste sogar im Original, also ohne die unzähligen Coverversionen dieser Wehklage Paul McCartneys.

Ach ja, der radioaktivste Song! Die in Rillen versteckte Ernstfall-Physik! Auch sie wurde Mitte der Sechziger hörbar und »Radioactive Eskimo« betitelt, ein Protestlied des Amerikaners Peter La Farge. Es hatte im Hörfunk eine verschwindend kurze Halbwertszeit, sorgte aber für eine bemerkenswerte Premiere. Erstmals drehte sich eine Single um das heikle Phänomen atomare Strahlkraft, und das sogar im Titel.

La Farge singt einen dringlichen Appell. Gegen Muttermilch aus Blechdosen. Gegen verseuchtes Moos, das Rentiere essen, die von Menschenfamilien verzehrt werden. »Hooray!«, schmettert er wie ein frisch gekürter Lottokönig und springt sarkastisch in die Rolle eines Inuit, der in der Arktis die Wirkung US-amerikanischer Kernwaffentests zu spüren bekommt. Bissig wiederholt er immerzu das Fachwort für die kriegerisch dosierte Strahlung, die ihn selbst zum radioaktiv geladenen Element macht. Beweis erwünscht? »Bring on the Geiger counter!« Seine Botschaft zupft und ruft und fingertrommelt der Gitarrist im flinken Stil eines Geburtstagsständchens: Bitterer Galgenhumor war Peter La Farges einzige Waffe. Auch andere haben das Thema aufbereitet, zuweilen ausführlich und drastisch. Aber keine Annäherung war so heiter-scharf wie das Dramolett aus der Eiseskälte.

Der treffendste Beitrag aus Frankreich

Edith Piaf ist noch keine zwei Jahre tot und Charles Aznavour zelebriert seine vielleicht besten Chansons, da tritt eine französische Pop-Prinzessin groß auf. Mit 17 gewinnt France Gall 1963 den europäischen Gesangswettstreit. Ihr »Poupée de cire, poupée de son« (Wachspuppe, Strohpuppe) stürmt tempo- und anspielungsreich die Hitparaden. Geschrieben hat das Lied derselbe Serge Gainsbourg, der vereint mit Jane Birkin sechs Jahre später »Je t'aime ... moi non plus« stöhnt und flüstert.

Auch Michel Polnareff, ein magerer Troubadour mit kinnlangem Haar, verschafft sich in seiner Muttersprache weit über Frankreich hinaus Gehör. Dafür genügen ihm ganze drei Akkorde und, zeittypischer als Gainsbourg oder Gall, ein lupenreiner Beat. Polnareffs Lebensgeschichte jedoch klang lange anders.

Die ehrgeizigen Eltern zwingen den begabten Sohn auf eine Karriereleiter in klassischer Klaviermusik. Preisgekrönt, aber lustlos verlässt Michel das Konservatorium und wirft bald den ganzen bürgerlichen Wertekatalog in die Ecke. Mit Anfang 20 verhökert er in Paris von Blinden gemalte Postkarten und hausiert mit Brandschutzversicherungen. Vom selbst verdienten Geld kauft er eine Klampfe und hockt sich als pazifistischer Alleinunterhalter zu den Beatniks auf die Treppen des Montmartre. Dem kritischen Publikum auf Café-Terrassen bietet er gängigen Rock und Pop. Ein Musik-Agent wird neugierig und gibt dem Straßenmusiker die Chance, sich bei einem Wettbewerb in einem angesagten Club zu beweisen. Sieger der Veranstaltung: Michel Polnareff mit »La poupée qui fait non«, seinem Drei-Akkorde-Lied über eine unwiderstehlich hübsche Nein-Sagerin. Von ihr lässt sich auch eine Plattenfirma anstecken und erfüllt dem Interpreten einen überraschenden Sonderwunsch: Für die Aufnahme des Stücks besteht er auf ein Studio in London. So kommt es, dass wir in Polnareffs triumphalem Debüt-Hit an den sechs Saiten nicht den Autor und Sänger hören, sondern keinen Geringeren als Jimmy Page, damals noch nicht der Gitarrenheld bei Led Zeppelin, aber ein gefragter Begleitmusiker. Jimi Hendrix hat aus dem Liebesfrust-Lied eine Instrumentalvariante gemacht und dabei die Gitarre ebenfalls kurz an einen Begleiter abgetreten. Gerade Hendrix, der mit diesem Musikgerät geboren sein soll, zupft stattdessen ausnahmsweise den Bass.

Der großzügigste Förderer

Nieder mit dem Recht des Stärkeren! Nein zur kapitalistischen Hackordnung! Ja zum selbstlosen Schenken! The Grateful Dead nahmen die Ideale der späten 1960er genauer als viele Musiker sonst. Schon Mitte des Jahrzehnts ziehen die fünf Bandgründer in eine Hausgemeinschaft in San Francisco, Stadtteil Haight-Ashbury, wo bald um jede Ecke der Geist des Widerstands weht. Alle in der Kommune sind gleichmäßig wichtig. Die Gruppe tritt ohne Bandleader an, auch wenn Jerry Garcias Gitarrenspiel herausragt. Sie überwindet den Mitklatsch-Beat und gibt sich freien Improvisationen hin, die seelische Stimmungen spiegeln. Da kann ein Drei-Minuten-Song auch mal über eine halbe Stunde dauern, und kein Konzert des Kollektivs klingt wie das andere. Oft spielen The Grateful Dead kostenlos, erlauben ihren Fans noch dazu ungezählte Mitschnitte – unter der Bedingung, dass die Aufnahmen nicht pekuniär genutzt werden.

Natürlich leben diese Botschafter des Andersseins von Luft, Liebe und drogenumnebelten Rock-Parties. Doch wer zahlt ihnen die Miete? Owsley Stanley. Wer kauft die Instrumente und finanziert die Tontechnik? Owsley Stanley. Wem fällt der Totenkopf mit Blitz ein, das bekannteste Abzeichen der Dead? Owsley Stanley entwirft es gemeinsam mit einem befreundeten Künstler. Stanley ist technisch und schöpferisch begabt, hat tanzen gelernt und sich auf dem Gebiet der Soundbearbeitung kundig gemacht. Von Beginn an verlockt den jungen Mann die Musik der Anarchos mit dem Wir-Gefühl, obwohl ihn ihr Gesang zunächst erschreckt: »They couldn't sing for shit. Any one of them could sing on his own okay, but they sounded terrible together.« Mit präzisen Aufnahmen ihrer Musik bringt er sie zum selbstkritischen Hinhören und entwickelt eine gewaltige Klanganlage für Live-Auftritte. Das Ziel: Ihre Songs sollen nicht nur laut, sondern auch klar und unverzerrt und noch auf weite Entfernung hörbar sein. Die Backline – ein Lautsprecher für jedes Instrument, angeblich sogar für jede E-Bass-Saite! – wächst nahezu hochhausgroß heran. So viel Apparatur macht eine Crew für den Auf- und Abbau nötig. Dass die Roadies gut mitverdienen, passt in die Denkweise. The Grateful Dead teilen gern.

Woher aber nimmt ihr fotoscheuer Gönner seine Dollars? Owsley Stanley versteht sich auch auf die Synthese von LSD, jenem Stoff, der die kreative Szene in farbigste Märchenträume versetzt. Grateful Dead, Beatles, Hendrix, Literaten, Filmschaffende – der Drogenkoch berauscht eine ganze Reihe von ihnen. Er gilt als unbestrittener »King of LSD«, verteilt seine Spezialität nicht selten gratis und legt – wie beim professionellen Beschallen – Wert auf astreine Qualität. Anfangs ist seine Alchimie noch durchaus legal, Ende 1967 muss der Pillendreher aus Passion drei, später noch einmal zwei Jahre lang in Haft.

Danach finden er und seine Lieblingsband nicht mehr recht zusammen. Den Rockern gehen seine neuen Ideen zu weit. Unter anderem besteht ihr Wegbereiter darauf, dass sie sich von Fleisch ernähren, nichts als Fleisch. Mitunter machte O. S. sein Beefsteak zum Getränk und schlürfte es in pürierter Form.

Die unberührbare Holländerin

»I was just a painted doll«, hat Mariska Veres Jahre nach ihrem Höhenflug von sich behauptet. Die junge Frau aus Den Haag entsprach tatsächlich perfekt dem landläufigen Bild von einem singenden Pin-up: Wohlgeformter Körper, kräftiger Kajal-Strich um die großen Augen, lang und pechschwarz das Haar – eine Perücke. Und immer wirkte diese Mariska etwas schläfrig trotz ihrer treffsicher akzentuierenden, warmen Stimme. Drei, manchmal vier blasse Mitstreiter neben der attraktiven Leadsängerin, das war die holländische Band Shocking Blue. Ihr weltumspannender Knüller hieß »Venus«, ein allgegenwärtiger Herbst-Winter-Frühjahr-Ohrwurm 1969/70. Mäßig harter Rock, nicht zu verwechseln mit der Version, die die Girlgroup Bananarama 1986 auf Discotanz trimmte.

Eine weitere Erinnerung der gereiften Mariska Veres betraf ihr Distanzbedürfnis damals: »Nobody could ever reach me.« Auch das traf zu, die Co-Besetzung bekam es von vornherein und rigoros zu spüren: Bevor die 22-Jährige mit ihrem Gesang die halbe Welt eroberte, hatte sie intern eine ganz ungewöhnliche Forderung durchgesetzt. Ihre äußeren Reize waren der Interpretin nämlich ebenso bewusst wie ihre stimmlichen Qualitäten. Den Mannsbildern von Shocking Blue verlangte sie daher eine Zusage ab: Wir kommen dir nicht zu nahe! Dieses vorsorgliche Nein zu jeglicher sexueller Annäherung hat offenbar gewirkt – Zudringlichkeiten wurden jedenfalls nicht bekannt. Nur scheinbar unterwürfig verkündete die Unnahbare: »I'm your Venus, I'm your fire, at your desire.« Wunschgemäß dein Feuer, deine Venus – aber nur im Songtext, Kameraden! Hinzu kam strikte Selbstkontrolle: Sie trank und rauchte nie, von Drogen ohnehin nicht zu reden.

What's in a name? (Teil 1)

Der alte Schall-und-Rauch-Spruch zieht bei Musikbands nicht. Sie wollen möglichst originelle und einprägsame Namen tragen. Dafür ist ihnen zum Beispiel eine Vision recht (The 5th Dimension, Tangerine Dream), oder sie ehren den Chef ihrer Band (Manfred Mann, Spencer Davis). Jerry Garcia wurde bei der Namenssuche fündig, indem er ein dickes Lexikon aufschlug und den Finger zufällig auf den mythologischen Begriff Grateful Dead legte. Dankbarer Toter, das klang geheimnisvoll, weckte Neugier, und vielleicht hatte Garcia (Beiname »Captain Trips«) auch gerade etwas eingenommen, das ihn übersinnlich stimmte. Die spirituelle Vorstellung hier: Ein Toter zeigt sich noch aus dem Jenseits heraus erkenntlich für eine empfangene Wohltat.

Viele Gruppen nehmen den Taufakt so ernst wie Eltern, die ihren Nachwuchs benennen. Gleiches gilt für Solisten, Bandnamen aber sind – schon aus Verwertungsgründen – absolut einmalig und oft äußerst rätselhaft.

Three Dog Night – so hat sich die amerikanische Rockband nach einer Tradition aus der australischen Geschichte tituliert: In kalten Nächten schliefen die Ureinwohner in einer Erdhöhle an einen Dingo gekuschelt. Zwei der wilden Hunde wärmten sie, wenn es noch kälter wurde, und drei Dingos waren es bei Frost.

Canned Heat ist eigentlich der Markenname für eine Brennstoff-Paste in Blechbüchsen der Firma Sterno. Die Zutaten Ethanol und Methanol haben nicht wenige arme Schlucker zu schwerkranken Alkoholikern gemacht – also auch so manchen Bluesmusiker. Aus der pinkfarbenen »Hitze in Dosen« wurde nämlich von Hand Schnaps-Ersatz fabriziert, billig, berauschend, giftig.

(The) Small Faces waren tatsächlich recht klein gewachsen, alle vier unter 5 foot 6, also 1 Meter 70. Face war im Ost-Londoner Umfeld der Band ein Jugendwort für einen Typ mit Anführer-Qualitäten, mit angesagten Klamotten, den neuesten Platten und schönen Freundinnen.

Creedence Clearwater Revival (CCR) wurde zusammengesetzt aus dem seltenen Vornamen Credence (der Vertrauenswürdige), der Biermarke Clearwater (von einer Brauerei, die auf Reinheit stand) und Revival, sprich: Wiederbelebung. Einen irgendwie tiefen, echten, sauberen Neubeginn, den hatte das Quartett 1967 auch nötig. Kurz davor hießen die vier (der Plattenfirma zuliebe) noch The Golliwogs und hatten komische Hüte auf.

Jethro Tull ist nicht nur die einzige Rockgruppe mit Querflöte – keine andere Band dürfte anfangs auch so häufig und verwirrend ihren Namen gewechselt haben. Navy Blue, Candy Coloured Rain, Ian Henderson's Bag o' Nails – nur drei farbenfrohe Beispiele. Mitgründer Ian Anderson kam eines Abends in einen Londoner Club, wo er spielen sollte, las das Poster mit den gebuchten Bands – aber den gerade gültigen Namen seiner eigenen hatte er schon wieder vergessen. Die Lösung dieses Problems kam schließlich von der Künstleragentur: Deren Vorschlag Jethro Tull überzeugte die Gruppe, auch wenn der Name besonders weit hergeholt war. So hieß ein englischer Agrar-Wissenschaftler, der im 18. Jahrhundert lebte und unter anderem die Sämaschine erfand. Ein geschichtsbewusster Mitarbeiter der Agentur hatte etwas über ihn gelesen.

The Doors versteht man unvermittelt als »Die Türen«. Angemessen, weil weniger profan ist »Die Pforten«, hinter denen sich weite Räume auftun und eine gereinigte Form der Wahrnehmung wartet.

Procol Harum ist nicht Latein und schreibt sich weder »Procul« noch »Harem«. Die Zuchtlinie einer asiatischen Edelkatze hieß sehr ähnlich: Procul (!) Harun, wobei das arabische »Harun« soviel wie »lion warrior« bedeutet. Guy Stevens, erster Manager der Band und befreundet mit der Katzenhalterin, soll den ausgefallenen Namen seinen Musikern am Telefon durchgegeben haben. Dabei wurde er wohl ein bisschen missverstanden, aber der Vorschlag gefiel trotzdem, und die leicht verwackelte Schreibweise blieb. Alles etwas sonderbar – wie überhaupt die Gedankenwelt von Procol Harum.

The Beatles – wahrscheinlich hat jeder Chronist eine eigene Darstellung, wie der umwälzende Name in die Welt kam. Hier die Kurzform einer ziemlich glaubhaften Geschichte: Die drei wichtigsten Geburtshelfer hießen wohl Stu, John und Brian. Sie standen auf Beatmusik, mochten ein kleines Krabbeltier und hätten sich auch schlicht John's Group nennen können. Denn gesucht wurde ein Aufnäher für die dritte Gruppe in Folge, die John Lennon anführte. Ende 1956 hatte der 16jährige Schüler The Quarry Men (Steinbrucharbeiter) gegründet und im Herbst 1958 Johnny and the Moondogs präsentiert, jeweils mit wechselnder Besetzung. Paul McCartney gehörte seit Sommer 1957 zu Johns Leuten, George Harrison spielte ein paar Monate später immer öfter mit. Ringo Starr trommelte vorerst noch für andere Liverpooler Bands.

Am Ende der Moondogs-Zeit mit John, Paul, George, Stu Sutcliffe (Bass) und Tommy Moore (Drums) bahnt sich die epochemachende Namensgebung an. Die fünf suchen im Frühjahr 1960 etwas Griffiges wie zum Beispiel The Crickets (Grillen), die in Amerika den Halbgott Buddy Holly begleiten. Stu Sutcliffe kritzelt nicht ganz im Ernst »beetles« (Käfer) in seine Kladde, und John kann wieder mal ein Wortspiel nicht liegen lassen. Macht »beatles« daraus, verschmelzt also Stus Insekten-Idee mit dem Beatsound der Stunde. Aber: The Beatles?! Unsäglich! Wer so heißt, wird niemals von irgendwem für voll genommen, bekommt der Chef zu hören. Ein befreundeter Bandleader – Brian Casser von Cass & The Casanovas – verknüpft Lennons Vornamen und Wesensart mit dem Piraten Long John Silver aus Robert Louis Stevensons Roman »Treasure Island« (»Die Schatzinsel«). Long John and the Silver Beatles lautet Brians Vorschlag. Dafür ist John nicht zu haben, doch man einigt sich auf The Silver Beatles. So nennt sich die Liverpooler Band bis zu ihrem mutigen Trip nach Hamburg. Dort treten im August 1960 erstmals »The Beatles« auf. Genau zwei Jahre später steht auch die vierköpfige Formation fest.

Ralph McTell, eigentlich Ralph May, hat so wirklichkeitsnahe Geschichten gesungen – unauslöschlich sein »Streets of London« über Obdachlose –, dass man sehr wohl einen spre-

chenden Künstlernamen heraushören kann. Schließlich heißt
»tell« ja zuallererst »mündlich erzählen«. Der vorzügliche
Zupftechniker wählte das Pseudonym aber, um den Blues-
gitarristen Blind Willie McTell aus Georgia zu ehren, einen
Straßenmusiker, der laut Pass ebenfalls anders hieß: William
Samuel McTier.

Das findigste Allroundtalent

Sein Arbeitsplatz war meist in der zweiten Reihe und leicht
erhöht am Drum-Set. Komponieren, texten und singen
konnte er auch. The Dave Clark Five verdankten ihrem Na-
mensgeber von 1963 bis 1965 rund zwei Dutzend Hits. In
der Gunst britischer, auch amerikanischer Fans lag Clarks
Fünfer-Truppe immer wieder mal Kopf an Kopf mit den
Beatles. Dave Clark blieb nach Auflösung seiner Band solo
produktiv und bewährte sich 1985 großformatig: Für das
Musical »Time« mit Cliff Richards Kassenreißer »She's so
Beautiful« zeichnete er als Co-Autor und Theaterprodu-
zent verantwortlich. Eine weitere Fähigkeit blieb einigermaßen verborgen. Der Bandleader entschied praktisch auf der
ganzen Linie allein, wo es langging. Die nach ihm benannte
Crew managte er selbst und handelte dabei satte Erträge aus,
die auf sein Konto flossen und in Form von Sachgütern an die
Mitmusiker gingen. Von vornherein hatte sich der Trommler
die Rechte an jedem Ton der Gruppe gesichert. Das machte

ihn binnen zwei Jahren zum Musik-Millionär – und er sorgte weiter vor gegen Altersarmut. Die Verwertungsrechte für
Live-Aufzeichnungen der beliebten TV-Show »Ready, Steady, Go!« gehörten bald Mr. Clark. Sein sportlichster Hand-
streich war der Erwerb aller Stadiongeräusche im Finale der
Fußball-WM 1966 – tja, so etwas war nun nicht mehr gratis
zu haben. Wer dieses Match fortan zeigte, musste für den Ton
extra zahlen – bei Dave Clark.

Der König der Eintagsfliegen

Den Verantwortlichen von Deram Records drohte im
Spätsommer 1967 ein Reinfall, wenigstens ein halber. Ihr
junges Londoner Label hatte die Neulinge Cat Stevens, The
Move, Procol Harum erfreulich eingeführt – und der nächste
Coup schien perfekt: »Let's Go to San Francisco« erwies sich
als britisches Echo auf »San Francisco (Be Sure to Wear Flowers in Your Hair)«, Scott McKenzies Wegweiser ins gelobte
Land. In Großbritannien schnellte der Perlen-Blüten-Glöck-
chen-Nachklapp auf Chartplatz vier. Eine leicht verwechsel-
bare Komposition im sonnigen, harmonienverliebten Stil der
Beach Boys, geschrieben von John Carter und Ken Lewis, die
das Stück zunächst wohl selber einsangen – die Quellen sind
da unklar. Der psychedelisch gemünzte Bandname The Flo-
wer Pot Men ziert heute manche Kollektion der Sparte »Best
of the Sixties«.

Überraschend weit oben angekommen, brauchte der erste und einzige Hit des Ensembles ein paar Gesichter. Denn Carter und Lewis waren singbegabt, aber auch recht häuslich veranlagt. Der Ausblick auf eine Werbetour durch TV-Studios, Clubs und Hallen schreckte sie ab. Also ein Hit ohne sichtbare Band? Ohne körperlichen Kaufanreiz? Das wollten weder die zwei Autoren noch die Plattenfirma. Das Duo brachte vier musikalisch geübte, poppig aufgemachte Blumentopfmänner zusammen. Einem können wir doppelt zutrauen, dass er selbstständig mitsang und nicht nur so tat als ob. Er hatte sich bereits im Trio The Ivy League profiliert, und bald nach dem Klangtrip gen Frisco prägte seine wandelbare Stimme vier weitere Top-40-Songs. Allerdings wechselten mit den Songs jedes Mal auch die Gruppen! In aller Ohren waren etwa Edison Lighthouse und ihr »Love Grows (Where My Rosemary Goes)« – so aufgekratzter Pop wie »Beach Baby« von The First Class. Der bestimmende Vokalist wurde dennoch kein Star, der Name dieses fünffachen One-Hit-Wonder-Man blieb nicht haften: Tony Burrows machte sich unerkannt bekannt. Oder wem wäre erinnerlich, wie nett, mittelgroß, unscheinbar er aussah und auftrat?

Während die meisten Leadsänger »ihrer« Band treu blieben, sogar das Aushängeschild waren, arbeitete Burrows je nach Stellenangebot. Unter den Frontleuten war er ein Springer. In einigen Folgen der Fernsehshow »Top of the Pops« zeigte Tony sich besonders beweglich – als Vormann in jeweils zwei verschiedenen Formationen. Binnen 30 Minuten und mit Umziehen natürlich.

Der Maulkorb für alle

Richard Wagner dirigierte mehrfach in diesem Hort der Kunst und Wissenschaft. Einstein leitete hier eine Konferenz. Hitchcock drehte in dem imposanten Rundbau den Höhepunkt eines Thrillers. Die Londoner Royal Albert Hall heißt auch Rock und Pop willkommen, obwohl die Protagonisten sich nicht immer schicklich benehmen. The Nice verbrannten auf offener Bühne eine amerikanische Flagge. Beim Song »A Saucerful of Secrets« zündeten Pink Floyd zwei Kanonenschläge und erhielten daraufhin ein lebenslanges Hausverbot. Keine Show, sondern ein Songtext erregte 1967 den Zorn der Hallenleitung. Aufgebracht wollte sie in letzter Minute »A Day in the Life« verhindern, dieses Gemenge aus vertrackter Zeitungslektüre, Lockruf ins Drogenreich und hastigem Aufbruch – aufwändig verarbeitet von den Beatles für ihre »Sergeant Pepper«-LP.

Manager Brian Epstein hatte dem Konzerthaus wohlmeinend eine Demo-Aufnahme geschickt, in der John Lennon die Strophe des Anstoßes sang:

I read the news today oh boy
Four thousand holes in Blackburn, Lancashire
And though the holes were rather small
They had to count them all
Now they know how many holes it takes
To fill the Albert Hall
I'd love to turn you on.

4000 Löcher?! Die Albert Hall?! Was immer Lennons Zeilen zu bedeuten hatten – die Geschäftsführung hörte die Verleumdung heraus, ihr Kulturtempel sei völlig durchlöchert. Postwendend geht ein Brief an Epstein, unterzeichnet von Verwaltungschef Ernest O'Follipar. »In the strongest conceivable terms« will er eine Publikation abwenden, die den Ruf des traditionsreichen Orts ruinieren werde. Selbst wenn man die Türen mitzähle, seien es schließlich nur 32 Löcher! Woher um Himmels Willen komme die skandalöse Summe von 4000?

Lennons Inspirationsquelle war in der Tat spleenig. In der Daily Mail hatte ihm eine kuriose Meldung gefallen: Die Kreisstadt Blackburn in Lancashire hatte sämtliche Straßenlöcher peinlich genau zählen lassen – rund 4000. Streng rechnerisch kamen die Kommunalbeamten damit auf 26 Bewohner pro Schlagloch und auf den Schätzwert, Londons Fahrbahnen müssten demnach 300.000 Löcher haben. Der Liedschreiber trieb die Zählerei auf die Spitze, doch so oder so ging die erboste Kritik an der Sache vorbei. Der Songtext sagte ja nicht, dass die Halle vor tausenden Löchern strotze. Er zog indirekt einen Vergleich mit dem nötigen Füllmaterial – so groß wie diese Menge sei die legendäre Spielstätte. War das nicht eher ein Kompliment?

Im Übereifer bietet Mr O'Follipar Neuformulierungen an, um beides zu bewahren – gern den Geist des Songs, aber auch bittesehr die Reputation des Gebäudes. Falls der Hauptsänger an seiner Lüge festhalte, so eine der Ideen, könne der Drummer im Hintergrund korrigierend einwirken. Und das höre sich dann wie folgt an:

John: Now they know how many holes it takes to fill the Albert Hall.

Ringo: Not that there are any holes in the auditorium, John!

Im Übrigen empfiehlt der Protestschreiber den Beatles noch ausdrücklich »a sincere apology«.

Der Einspruch ändert nichts an der ursprünglichen Textfassung. Anfang Juni erscheint »A Day in the Life« ganz wie geplant und erntet mit dem gesamten Album allgemeine Begeisterung. Lennon schreibt den Hütern des Konzerthauses eine freundlich-spöttische Antwort:

Dear Prince Albert and friends,

Thank you for your letter – feel free to keep it. We won't be changing the lyrics, as we like them just the way they are. And we won't be saying sorry, because it takes too long to get to Blackburn from our studio at Abbey Road.

Yours sincerely,

John Lennon

Die Adressaten bleiben unversöhnlich. Anstatt nachzufragen, wieso die Band für eine Entschuldigung denn nach Blackburn fahren müsse, machen sie streng und gezielt vom Hausrecht Gebrauch. Allen Künstlern, die in dem ehrwürdigen Rahmen auftreten, untersagt das Direktorium für immer den Vortrag des Songs. 1989 wird das Verbot übertreten – und ist da schon so in Vergessenheit geraten, dass der Fehltritt niemanden aufregt. Damit fällt den Veranstaltern kein Zacken aus der Krone. Erschreckend ist vielmehr, wer sich an dem Beatles-Werk vergriff: Milli Vanilli, ein öliges Doppel aus Deutschland, zum Singen nicht geboren, stets mit Playback-Prothese tourend. Dass die wandelnden Attrappen überhaupt auf die rühmlichen Bretter durften – in der Aura der Royal Albert Hall hinterlässt das für alle Zukunft eine gehörige Delle, wenn nicht sogar ein Loch.

Die schlimmsten Finger (Teil 1)

Ehe Rock'n'Roll eine ausgelassene Musik wurde, war das Wortpaar schon im afroamerikanischen US-Slang gebräuchlich, und sittsame Bürger hörten es gar nicht gern. Vordergründig gemeint waren zwei Bewegungen: »Rock(ing)« stand für »hin und her wiegen«, »roll(ing)« für »wälzen«. Die Kombination verhüllte, dass es um Beischlaf ging. Dann, in den 1950ern, bezeichnete das Doppelwort die neue, ungestüme Musikrichtung, ein ganzes Lebensgefühl, auch einen Tanz – es war der letzte Anstoß für alles, was sich bis heute unter dem Dachbegriff Rock entwickelt hat. Vollends zum Schrecken der Erwachsenen sind dem Spaß am Geschlechtsleben weitere Begriffspärchen hinterhergerollt: Suff & Sünde = drunter & drüber = lärmen & lästern = kiffen & koksen = kurz & klein. Eine unvollständige Kettengleichung, die mal unterschwellig, mal offen heraus rockiges Liedgut prägt. Wir wollen Lustgewinn! Kitzeln an Normen und brechen Verbote! Spielen mit dem Unerhörten! Das ist die Grundmelodie – oder war es doch lange Zeit. Einst genügte schon längliches

Haupthaar zum Provozieren, heute fragt sich, welche Tabus eigentlich noch zu knacken sind.

Allerdings: Die Tragweite gewagter Textzeilen ist vielen Fans entgangen, und das lag nicht nur an lautstarker Instrumentierung. Hand hoch, vergnügtes Publikum: Wer hat erfasst, dass es in »Yummy, Yummy, Yummy«, der Partyklimax von Ohio Express, an zentraler Stelle um orale Triebabfuhr geht? Die Zeile »Love, you're such a sweet thing, good enough to eat thing« klingt auf Deutsch süß und harmlos wie Kaugummi. In den USA ist es aber ein Satz, der klar anzüglich zu verstehen ist, nämlich als Umschreibung des Cunnilingus – der liebkosenden Zärtlichkeit auf Tauchstation. Noch eindeutigere Zweideutigkeiten pflegten Led Zeppelin. In ihrem Durchpuster »Whole Lotta Love« fordert der Herr die Dame ungeniert auf: »Shake for me, baby, I wanna be your backdoor man«. Schlicht und ergreifend ihr Gesäß soll sie schütteln. Der Verehrer an der Hintertür wartet bereits – und das sagt fast schon alles.

Der Hauptakteur in »Hey Joe« fühlt sich schnöde hintergangen und reagiert eiskalt. Joe erwischt seine Frau mit einem anderen, erschießt sie und will schleunigst nach Mexiko, wo ihn der Henker nicht mehr kriegen kann. Mord aus niederen Beweggründen, würde die Justiz sagen. Jimi Hendrix' Song-Ich stellt den Schützen kurz zur Rede, feiert die Bluttat dann aber (»Shoot her one more time again, baby«) und hält Joe nicht weiter auf, animiert ihn noch zur Flucht. So plump siegt hier das Böse. Hendrix hatte übrigens das Grundanliegen, mit seiner Kunst »beautiful stories« zu verbreiten.

Weiter im Sündenregister. Den von Scotland Yard über Jahrzehnte gesuchten Millionenräuber Ronald Biggs ließen die Sex Pistols mehrmals mitsingen, so auch in »Nobody is Innocent«. Spannungsvoller Gedanke inmitten der wirren Textstrophen: Jeder kann zum Bankräuber werden. Zwei Stücke mit dem Flüchtigen nahmen auch Die Toten Hosen auf. Dieser Biggs, der 1963 den Königlichen Postzug mitüberfiel und spektakuläre Beute machte – umgemünzt 55 Millionen Euro –, hat keine Gewalt gegen Menschen verübt (das übernahm ein Komplize). Er war aber auch kein mildtätiger Robin Hood.

Kiss, die Gruppe mit den wilden Schminkmasken, kam daher, als ob sie in Geschichte nicht aufgepasst hätte. Weltanschaulich sonst stets unverdächtig, präsentierte die Band die letzten zwei Buchstaben ihres Namens auf den ersten Blick im Zuschnitt der Nazi-Siegrune. Und das obwohl die Band mit Paul Stanley und Gene Simmons zwei Juden in ihren Reihen zählt. Strafrechtliche Folgen für die Rockband, gerichtliche Verbote blieben aus. Erst auf Druck des deutschen Plattenvertriebs ließ das Kiss-Management das blitzförmige SS auf einem Großteil der Alben und in Werbetexten abrunden. Eine Entschärfung für die Verwendung des Logos hierzulande.

Der Über-Gitarrist Eric Clapton sank tief an einem Konzertabend 1976 in Birmingham. Hemmungslos wetterte er gegen Einwanderer und zog rassistisch vom Leder. Ohrenzeugen hören Attacken wie: »Get the Blacks, coons and wogs out! This is England! Keep England white! Enoch was right!« Enoch? Schon seit den 1960ern galt Enoch Powell als Englands übelster Ausländer-raus-Politiker. Clapton nannte ihn noch 2004 in einem Interview »outrageously brave«. Nein, ein Rassist sei er nicht, hat der so vom Blues Geprägte, den Hendrix und Marley inspirierten, wiederholt beteuert. Die Ausfälle von Birmingham waren ihm indes nie eine Entschuldigung wert, nur eine halbherzige Erklärung. Er sei an dem Abend betrunken gewesen.

Was er fühlte, dachte, las (Kafka, Rimbaud, Brecht, Nietzsche), drängte Jim Morrison zu Selbstdarstellungen, die er riskant auslebte – angriffslustig und ohne Scham. Die amerikanische Ordnungsmacht ließ das nicht ruhen. Der Grenzgänger zwischen Poesie und Provokation war mit The Doors häufig unter Aufsicht – und Schutz – der Polizei unterwegs. Nach einer obszönen Bühnenshow im März 1969 in Miami setzte man ihn unter anderem wegen angeblicher »öffentlicher Entblößung« erst einmal fest. Ob Morrison nur verbal gockelte oder wirklich den Hosenlatz aufmachte – sicher bewiesen wurde nichts. 30.000 Empörte strömten in der Stadt auf eine Kundgebung, kein Protest für Freilassung etwa, sondern eine Anti-Doors-Demonstration. Präsident Nixon schickte den Teilnehmern einen Dankesbrief und mag damit auch eine frühere Kampfansage erwidert haben. »We're gonna get him«, hatte Vietnamkrieg-Gegner Morrison in einem Konzert gedroht und Nixon gemeint. In 16 Bundesstaaten werden Doors-Auftritte nach dem Miami-Vorfall untersagt. Die öffentliche Stimmung dreht sich krass gegen die Band, der langwierige Prozess um die Show läuft auf sechs Monate Gefängnis und 500 Dollar Geldstrafe für den Bürgerschreck hinaus. Eine Kaution verhindert den Haftantritt, und bevor es in die Berufung gehen kann, ist Jim Morrison tot. 1971 stirbt der 27-Jährige in Paris, vielleicht an Herzversagen. Fast 40 Jahre später wird das Urteil aufgehoben – nicht weil die Justiz die Vorwürfe als geringfügig einstuft, sondern aus Mangel an Beweisen und glaubwürdigen Zeugen gegen den »Lizard King«. König der Eidechse?! Sex-Alarm!

Selbst harmoniesüchtige Popmusiker haben keine ganz blütenweiße Weste behalten. Aus voller Kehle schilderte der walisische »Tiger« Tom Jones eine mörderische Beziehungstat. »Delilah« lässt einen anderen zu sich herein, der im Morgengrauen vom Song-Ich beobachtet wegfährt, und da beginnt das tödliche Drama: »I crossed the street to her house and she opened the door/ She stood there laughing/ I felt the knife in my hand and she laughed no more.« Frevel eines gekränkten Liebhabers? Dabei hat er vor der Untat noch eingesehen: »I could see that girl was no good for me.« Geistige Verwirrung? Darauf deutet jedenfalls der lebensfrohe Walzertakt dieser Moritat hin.

Die drittbeste Beatband der Welt

Bunt war ihr Titelblatt, blühende Pubertät durchzog den Inhalt. In ihren besten Jahren war die Bravo das Leitmedium für westdeutsche Jugendliche. Die Wochenpostille erörterte beinah alles von Pop bis Petting. Eine Großtat: Das Magazin bewegte die Beatles zu ihrer einzigen Deutschland-Tour. Doch der Bravo liebstes Kind nannte sich Otto und war eine Art hiesiger Grammy-Award für Interpreten von Pop, Schlager und aufkommendem Rock. Die Ehrung mit dem kleinen Indianer aus Edelmetall bestimmte eine Jury, die Millionen Leser und Leserinnen umfasste, und die konnten natürlich nicht irren. Manche Ergebnisse sind im Rückspiegel staunenswert. Etwa die Otto-Verleihung 1969, Kategorie Internationale Beatgruppen – solche mit Weltgeltung also. Der Otto in Gold geht nicht an die Beatles, sondern die Bee Gees. Auf Platz zwei nicht die Rolling Stones oder Creedence Clearwater Revival, nein – die Beatles. Und Bronze? Für die Beach Boys? Byrds? Kinks? Die Bravo-Gemeinde kürt The Lords aus Berlin, fünf stets nobel gewandete Sympathieträger mit Prinz-Eisenherz-Frisur. Die Gruppe konnte, wenn sie wollte, trockenen Beat spielen (»Poor Boy«). Häufiger brezelte sie Folklore auf (»Over in the Gloryland«), was ältere Leute nicht sonderlich verstörte. Und ihr Englisch war nicht sattelfest (Phantasie-Sätze mit th-Problemen). Andererseits trat das Quintett 1967 als erste westliche Band im Ostblock auf, im Warschauer Fußballstadion vor 25.000 jungen Polinnen und Polen. Ein so großes Live-Publikum hatten bis dahin nicht mal die Beatles mobilisiert! Zählebiger als die Kollegen aus Liverpool sind die Beat-Pop-Schnulzen-Lords schon längst. Über alle Wechsel- und Todesfälle hinweg besteht die Truppe seit 1959 bis heute.

Die zwei größten Schattenmusiker

Die Beatgruppe Dave Dee, Dozy, Beaky, Mick & Tich hatte den Namen, den unsereins nur mit Anlauf aussprechen konnte. Wer die lange Schnur fehlerfrei und zügig schaffte, galt auf dem Pausenhof als Englisch-Hochbegabter. Zweite Besonderheit von DDDBM&T: Sie haben vermutlich die Tradition des Sommerhits begründet. »The Legend of Xanadu« kontaminierte 1968 in halb Europa die Urlaubszeit. Ein melodramatisches Machwerk von Sonne und Strand und der viel zu kurzen Liebe zu einer Touristin. In der Vertonung knallt das Schicksal buchstäblich mit der Peitsche, und virtuos erklingt ein Solo auf der Konzertgitarre. Ein blitzsauberes Stückchen Flamenco. Es darf bezweifelt werden, dass einer der fünf Bandkollegen das live jemals so spanisch hinbekam. Bei der Vinyl-Aufnahme musste jedenfalls ein Könner wie Big Jim Sullivan ran – das Wörtchen Big zierte ihn nicht zufällig. Es unterschied ihn in den Tonstudios vom jüngeren, eher schmächtigen Jim (alias Jimmy) Page, der damals seine Karriere mit Led Zeppelin noch vor sich hatte. Und außerdem war dieser Big Jim Sullivan nun mal eine Autorität. Vom großen Jim lernte der kleine Vornamensvetter manchen Kunstgriff.

In seiner goldenen Zeit, 15 Jahre bis etwa 1972, war BJS in der Londoner Begleitmusik-Szene der am häufigsten gebuchte Mann an der Gitarre. Dreimal täglich eine dreistündige Session, zuerst Pop, dann Rock oder Folk oder Country, und das oftmals an sieben Tagen der Woche. Sullivan war auf mehr Titeln aus dem Vereinigten Königreich hörbar als jeder Star! Wirkungsvoll arrangieren konnte er auch. Sein Fingerabdruck hat aus gutem Material große Erfolge gemacht. Mäßige Vorlagen wurden durch Jims i-Tüpfelchen immerhin Güteklasse B. Dass dieser bescheidene Gitarrenguru (und westliche Sitar-Pionier) bei 750 Einspielungen mitgewirkt und um die 50 Nummer-eins-Hits flankiert hat, ist vorsichtig geschätzt. Sein Zutun belebte beispielsweise Dave Berrys »The Crying Game«, Marianne Faithfuls »As Tears Go By«, »Itchycoo Park« von

The Small Faces und »It's Not Unusual« von Tom Jones. Eine Bandbreite von schlicht gewirktem Pop bis psychedelisch getränktem Rock. Dem erfreuten Publikum ist der akzentsetzende Gitarrist weithin unbekannt geblieben.

BJS kannte seinen Wert für die Künstler im Scheinwerferlicht. Er war ein Naturtalent, spielte verlässlich gut ohne Formschwankungen, und er hatte Nerven stärker als Metallsaiten. »Most of the groups couldn't handle the studio, it was a very nerve-racking experience if you never worked in studio conditions before«, hat er rückblickend erzählt. Immer wieder Unterbrechungen, Absprachen zwischen Produzent und Toningenieur, angespanntes Warten. Dann ging das rote Licht an – wenige Minuten Aufnahme und jeder Ton musste sitzen. Dem Druck waren viele Hauptakteure nicht gewachsen, Gitarre oder Klavier zum Beispiel überließen sie ohne Auditorium lieber ruhigen Händen. Oder auch die Arbeit an den Drums.

Was Sullivan im United Kingdom an der Gitarre war, das verkörperte in Amerika der Drummer und Percussionist Hal Blaine – vor allem in Studios an der Westküste. Blaine kommt auf atemraubende 35.000 Aufnahmen, die er selbst addiert hat. Etwa 150 Top-zehn-Hits sind dabei, 40 Spitzenreiter. Ein Genuss, Blaine aus unverkennbaren Songs herauszuhören, denen er den Unterbau lieferte. Die Beach Boys waren Stammkunden des Drummers: »Fun Fun Fun« oder »I Get Around« hätten sie ohne ihn nicht rundbekommen. Tom Roes »Dizzy« hat er betrommelt, bis der Spin da war, den dieser Superhit brauchte. Wenn Barry McGuire im Antikriegssong »Eve of Destruction« ein »pounding of the drum« beschwört – es kommt dumpf und drohend von Hal Blaine.

Womöglich ist kein Musiker der Welt auf mehr Aufnahmen vertreten als er. Seine Auszeichnungen: Ehrenplätze in der Rock and Roll Hall of Fame und in der Modern Drummer Hall of Fame, dazu ein Grammy für seine Lebensleistung.

Die irrwitzigste Neufärbung

Ganz sicher: Helmut Schmidt hat in den 1960ern mehrfach versucht, im Popgeschäft zu landen. Völlig losgelöst von politischen Ansprüchen sang er serienweise englische Hits auf Deutsch. Mit viel Glück kann man David Garricks »Dear Mrs. Applebee« immer noch irgendwo als Schmidt-Single finden – eine Scheibe mit gewissem Sammlerwert. »Das ist das Ende vom Lied« heißt seine Darbietung von Roy Orbisons »Communication Breakdown«, und auch eine Beatles-Nummer hat er gecovert. Diese Eindeutschungen endeten freilich ausnahmslos als hintere Ladenhüter. Und leider, leider hat sie nicht der spätere Bundeskanzler intoniert, sondern ein junger Namensverwandter aus Unterfranken, der so eifrig wie vergeblich Erfolge aus zweiter Hand suchte. Ganz ähnlich wollten manch andere Interpreten ihre Gesangkarriere befördern. Ohne Rücksicht auf künstlerische Verluste wurden internationale Charterfolge für den heimischen Markt zurechtgemacht. Hauptsache, die meist einprägsame Melodie passte zu einem unverfänglichen Schlagertext. Dafür hat man die Vorlage oftmals drastisch entschärft oder gleich komplett neu geschustert.

Cindy & Bert, das hüftsteife Traumpaar hiesiger Liedpara-
den, hat diese Masche furchtlos ausgereizt. Die beiden waren
1971 noch nicht als Fernweh-Duo etabliert (»Immer wieder
Sonntags«, »Spaniens Gitarren«) und übten sich eigentlich
in Gospelgesang, da fanden sie nebenher Gefallen an »Para-
noid« von Black Sabbath. Das Titelwort selbst, diese Kurzdia-
gnose einer wahnhaften Verfolgungsangst, kommt im Text gar
nicht vor. Dennoch schwingt es zwischen den Zeilen mit – das
gestörte Ich leidet an Beziehungsunfähigkeit (»Happiness I
cannot feel/ Love to me is so unreal«) und ist kurz davor, den
Verstand zu verlieren. So viel innere Not war dem breiten Publikum nicht zumutbar, die nervöse musikalische Energie des
Stücks hingegen schon. Bert verwarf den Text – und fuhr mit
Partnerin Cindy schwupp Trittbrett auf Melodie und Rhythmus, die in der deutschen Fassung teils aus der Hammondorgel
blubberten. Vor Kameralinsen wirkte der Mann mit der ge-
ringstmöglichen Lippenbewegung gewöhnlich wie eine nette
Hilfskraft. Für den neuen Text wagte er gedanklich einen Salto
rückwärts: Raus aus krankhaften Gehirnzuständen – rein in
einen Krimi, den sich der geistige Vater von Sherlock Holmes
ausgedacht hatte. In »The Hound of the Baskervilles« (1902)
lässt Arthur Conan Doyle den Meisterdetektiv unheimliche
Morde aufklären, an denen ein kalbsgroßer Killerhund mit
weißglühenden Augen beteiligt ist. Aus der verwickelten Story
im Moor und Schlossgemäuer hat Bert für seinen »Hund von
Baskerville« ein paar Höhepunkte herausgepickt. Nur sehr be-
lesene Fans von C & B haben sich dieses Stückwerk möglicherweise zusammengereimt. Wer damit überfordert war, konnte
immer noch Cindys glasharter Stimme Respekt zollen. Sie hätte jeder anständigen Rocktruppe zum Stolz gereicht.

Die Quatsch-mit-Soße-Brüder

Drei Brüder schreiben tausend Songs. Lösen musikalische Wellen aus oder verstärken sie. Stürzen tief, liefern sich Fehden ums Geld, geraten in Lebenskrisen und kehren frenetisch gefeiert zurück. Barry, Robin und Maurice Gibb haben als The Bee Gees wenigstens anderthalb Generationen unterhalten. Viel Schmuse-Pop, tobender Discobeat, auch Funkrock war dabei. Gern mit schwerer Beihilfe von Streichern – und immer wieder bestechenden Harmonien. Dazu fiebrig zitternde Kopfstimmen, die man überkandidelt finden konnte. Doch die längste Konstante im Schaffen der Bee Gees war ihr Desinteresse an Wortreihen, die halbwegs bedenkenswert sind. Im dicken Bee-Gees-Songbook hat dieser Anspruch keinen Platz. Nicht ganz! Das beste Stück der Band bleibt »New York Mining Disaster 1841«. Da liegt schon in der Titelzeile viel Unheil in der Luft. Ein Grubenunglück, die Not eines eingeschlossenen Bergmanns. Ansonsten schlugen die Texte abstruse Haken – und keiner hat's gemerkt. Oder überhaupt Wert auf Sinn gelegt. Attraktive Melodie, anmachender Rhythmus, das waren Zutaten einer Soße, die den verbalen Wirrwarr verdaulich machte. Das brüderlich gepanschte »World« gibt davon gleich eingangs Kostproben:

»Now I found that the world is round«, winkt von fern Aristoteles, »And of course it rains every day.« Oder spricht ein Weltumsegler im Monsunregen vor Ostafrika? Wir bekommen nicht den Schimmer einer Antwort. Schon eine Zeile weiter: »Living tomorrow, where in the world will I be tomor-

row?« Das fragt womöglich ein gehetzter Popstar auf Welttournee und besinnt sich dann auf weitere wesentliche Dinge:
»How far am I able to see? Or am I needed here?«

Die singenden Geschwister konnten das gut: Beliebige
Versatzstücke im Wechsel mit gereimten Reizworten und
sportlichen Gedankensprüngen. Ein britisches Komiker-Trio
hat die Narreteien hübsch böse auf die Schippe genommen.
Die Parodie ist sehr sinnvoll benannt: »Meaningless Songs in
Very High Voices«. Und gar nicht so dümmlich der Name der
Spottvögel: Hee Bee Gee Bees. Hängt zusammen mit der Re-
densart »it gives me the heebie-jeebies« – da kriege ich eine
Gänsehaut.

Der größenwahnsinnigste Drummer

Auch ein Beatle hat mal entzündete Mandeln. Anfang Juni 1964
erwischt es Ringo Starr so heftig, dass er ins Krankenhaus muss.
Und das unmittelbar vor der ersten Welttournee der umjubelten
Band: Europa – Asien – Australien warten! Ein Tag Zeit, um einen Ersatztrommler zu finden! Zwei Wochen mit Lennon, Mc-
Cartney und Harrison hat Produzent George Martin zu bieten,
aber die ersten zwei Kandidaten, die er anruft, lehnen dankend
ab. Engagiert wird Jimmie Nicol, ein nahezu unbekannter Profi,
der bei Studiosessions passabel mitwirkt, in Live-Gruppen hat
er auch schon gespielt. Erstmals als Notnagel-Beatle klöppelt
Nicol in Kopenhagen, dann folgen Auftritte in den Niederlan-

den, danach Hongkong und zwei Konzerte in Down Under. Wenn die anderen drei ihn fragen, wie es ihm geht mit seiner Rolle, antwortet er jedes Mal freundlich und bescheiden dasselbe: »It's getting better.« Das heißt: Innerlich noch nicht richtig angekommen als Star(r)-Vertretung. Auf den Bühnen erledigt er seine Aufgabe wie gewünscht, und in Melbourne ist der genesene Ringo wieder an seinem Platz. Mit üppiger Gage, viel Lob für seine Dienste und einer goldenen Uhr obendrauf fliegt Jimmie Nicol beschwingt zurück. Er hat soeben am Weltruhm genippt: Pressekonferenzen und Autogrammjäger, Konzerte für Tausende und weibliche Fans, die ihn offen heraus anschwärmen. Wieder in London traut er sich zu: All das soll nur der Anfang gewesen sein! Der 24-Jährige will jetzt in derselben Gilde wie die Beatles spielen.

Seine neu formierte Band – Jimmie Nicol & The Shubdubs – nimmt schon bald eine Single auf, ist aber kaum je im Radio zu hören. Der Chef hat den Musikern hohe Vergütungen zugesichert, teure Instrumente eingekauft und sich selbst einen Ferrari gegönnt. Doch meist spielt die Gruppe nur in kleinen Pubs – eine progressive Mischung aus Rock und Jazz. Kein Jahr nach seinem Mini-Aufstieg im Windschatten von John, Paul und George ist Jimmie Nicol bankrott und arbeitslos, geschieden und ohne jede Perspektive. Dann wird es immer mysteriöser um ihn.

Der Schlagzeuger nimmt ein Flugzeug nach Stockholm und ist zunächst mit den schwedischen Spotnicks unterwegs. 1967 lässt er sich Hals über Kopf in Mexiko nieder. Ergänzt sein Repertoire mit Samba und Bossa Nova, heiratet wieder, wird Vater. Auf dem weltbewegenden »Sergeant Pepper«-Album erinnern die Beatles an ihren hilfsbereiten Kollegen: Ein

Song heißt »Getting Better« – inspiriert von Jimmies Floskel auf der gemeinsamen Tournee. Später hört man, dass Jimmie Nicol in England Häuser renovieren lässt. Irgendwann gilt er als tot, taucht 2005 noch einmal kurz aus der Versenkung auf. Was danach aus dem Drummer wurde, der den Beatles wichtige Shows rettete, kann man ausführlich nachlesen. Ein amerikanischer Rock-And-Roll-Detective (ja, so heißt er!) hat den Stoff in einen Buch-Hit verwandelt: »The Beatle Who Vanished«. Eine lehrreiche Geschichte über Jimmie Nicols Höhenflug und Absturz und eine pralle Vorlage fürs Kino. Das Drehbuch ist in Arbeit.

Die subversivste Einwechslung

»What Have They Done to My Song, Ma?«, lamentiert Melanie 1970, ohne einen bestimmten Songtitel zu nennen. Ebenso unklar bleibt die Zielscheibe des Vorwurfs. Wem gilt der mal weinerliche, mal wütende Tonfall: Produzenten? Musikkritikern? Nachahmern? Auch und gerade dieses Klagelied, weltweit Melanies meistverkaufte und meistgecoverte Single, wird einige Verschandelungen erleiden. Was sie schmerzt und schreckt, umschreibt die Sängerin so: »They tied it up in a plastic bag/ And turned it upside down.« Das Originelle, Erfrischende haben »sie« abgewürgt, mag das heißen. Und schließlich steht das Werk auch noch auf dem Kopf! Dabei hat Melanie oft genug den künstlerischen Durchschnitt der Popzunft abgehängt. Wer weiß – welchen Eindruck hätte sie wohl hinterlassen, wären ihre Lieder stets wunschgemäß behandelt worden ...

Der britische Liedschreiber Ewan MacColl dürfte zumindest gestutzt haben, als er hörte, wie Roberta Flack 1972 seinen stärksten Folksong vortrug: »The First Time Ever I Saw Your Face«. Erster gebannter Blick, der erste Kuss, das erste Mal – endlos ist es vertextet und vertont worden, aber selten so anmutig wie von MacColl. Zweieinhalb Strophen lang offenbarte Roberta Flack ihre Empathiefähigkeit, mit Soulstimme und zärtlich verlangsamend. Hier hat ein Mensch einen anderen getroffen und alles Schöne verwandelt sich, um noch schöner zu werden. Der Hang zur Veränderung greift in Flacks Fassung dann auf MacColls lyrische Sprache über. Zu Beginn der letzten Strophe lässt die Cover-Version nach: »I felt your heart so close to mine« ist abgedroschener als »I felt your heart beat over mine.« Danach kommt im Original eine kleine, feine Stelle, die man aufmerksam in ihrer Umgebung verkosten sollte:

»The first time ever I lay with you
And felt your heart beat over mine
I thought our joy would fill the earth
And last till the end of time, my love«

Das »thought« wirkt hier wie die Wolke, die das Glück verdunkelt. Man zuckt zusammen: Hat da jemand nur geglaubt, gedacht, gemeint, die empfundene Liebe sei von Dauer? Was ist passiert? Was kam dazwischen? An diesem neuralgischen Wendepunkt des Songs nimmt Roberta Flack einen minimalinvasiven

Eingriff vor und singt: »I knew our joy would fill the earth«. Das eingewechselte »knew« lässt keinen Zweifel zu, will von schmerzhafter Enttäuschung nichts wissen – ein einziges Wörtchen verdreht hier glatt die ursprüngliche Botschaft. Wenn Pop nämlich wohlig baden möchte, dann kann es sein, dass er schwer beschönigt. Bloß keine beklemmende Ungewissheit, bloß kein Absturz, schon gar nicht am Ende vom Lied.

Vom Werbejingle zur Hitsingle

In aller Regel läuft es genau umgekehrt: Ein Unternehmen findet einen populären Song werbewirksam und verziert ein Produkt damit. Der Microsoft Corporation etwa erlaubten die Rolling Stones, mit ihrem Titel »Start Me Up« ein Betriebsprogramm anzupreisen. Bill Gates soll der Band dankend 12 Millionen Dollar überwiesen haben. Heftiger noch als jede digitale Ware hat Coca-Cola die Menschheit überschwemmt. »It's the Real Thing« hieß eine Coke-Kampagne, die im Sommer 1971 auf Amerikas Fernsehschirmen lief. Ein prickelnder Erfolg, gern gesehen und vor allem gehört – die Erkennungsmelodie klang nach gefälligem Folk.

Inhalt des TV-Spots: Auf einem Hügel unter italienischer Sonne stehen, fast wie Paradesoldaten, gut 100 junge und ältere Leute aus mehreren Kontinenten. Alle halten eine Flasche Coke in der Hand und singen ein großherziges Lied. Darin geht es dynamisch anschwellend um Visionen für ein einträchtiges Miteinander. Erster Wunsch: »I'd like to build the world a home and furnish it with love.« Ferner vorgesehen: Apfelbäume, Honigbienen, Turteltauben. Dazu das musikpädagogische Bekenntnis: »I'd like to teach the world to sing in perfect harmony.« Und damit kein Mensch verdursten muss: »I'd like to buy the world a Coke.«

Allerdings bewegt der multikulturelle Chor nur die Lippen. Tatsächlich singen The Hillside Singers, eine für den Reklamezweck eigens zusammengezimmerte Gruppe. Das Publikum mag den Gesang so sehr, dass die Band ihn – ohne die Coke-Zeile – auf eine Single bannt. Dieses »I'd Like to Teach the World to Sing« hat einen Mittelteil, wo die Stimmen sich verzweigen und die Melodie reizvoll abwandeln. Über eine Million Mal geht der Song über die Ladentische. Alsbald ziehen die britischen New Seekers nach und präsentieren das ursprüngliche Softdrink-Lied flauschiger, eintöniger und doch gut genug für weitere 12 Millionen verkaufte Platten.

Das schwarze Kaltgetränk hatte eine blau eingefärbte Entsprechung aus Baumwolle. Blue Jeans – die Jahrhunderthose, ein überaus demokratisches Kleidungsstück. Für alle erschwinglich, am Ende quer durch die sozialen Schichten beliebt. Leicht damit vereinbar war, dass ein Jungmann des Hochadels 1976 für die englische Marke »Brutus« eine muntere Melodie und etwas Text schrieb. »I pull Brutus Jeans on – I pull my Brutus Jeans on«, singt in einem Werbevideo Lord David Dundas persönlich. Er ist Spross eines richtigen Marquess (Markgraf), Ex-Eliteschüler, Schauspieler und Gelegenheitskomponist. Die Musik kommt an, ein paar Strophen über einen Motorradtrip mit Freundin hängt Dundas noch an und wird mit »Jeans on«

der wahrscheinlich höchstwohlgeborene Welthit-Macher. »Brutus Jeans« ersetzt Seine Lordschaft durch »my (old) blue jeans«, während der Elan des Stücks durchgehend erhalten bleibt – anziehend schon das hüpfende Keyboard-Riff im Intro. Eine verborgene Parallele zum Coke-Song: Der vielbeschäftige Song- und Jingleschreiber Roger Greenaway hat an beiden Titeln mitgewirkt.

Literatur in Rock und Pop

2013 sorgte die Ausstellung »David Bowie is« in Ontario für einige Verblüffung. Gezeigt wurden – wie schon vorher in London – Objekte aus Werk und Leben des Sängers und Performers. Kostümierungen, Zeichnungen, Handgeschriebenes. Zudem gab es diesmal eine Liste mit 100 Büchern, die Bowie als seine prägendsten notiert hatte. »Wow, who knew David Bowie read so much?«, staunten selbst grundsätzlich gut Informierte. Dabei war es nur eine Auswahl aus angeblich tausenden Bänden, die Bowies Kunst mehr oder minder mitbestimmten. Er las wohl immer und überall. Zeitweise reiste der von Literatur Besessene mit einer mobilen Bibliothek in Koffern, 1500 Bücher, sorgfältig geordnet. Ein Papierparadies, ein Reservoir für wichtige Motive in seinen Songs, von »Space Oddity« bis »Black Star«. Dämonische Mächte, UFOs, Sonderlinge, Sehnsucht nach großen Empfindungen, Selbst-Inszenierung, Schattenseiten der Existenz … Schon einige Buchtitel lassen solche Einflüsse ahnen: Albert Camus, »L'Etranger/ The Outsider« (1942) – Evelyn Waugh, »Vile Bodies« (1930) – Ronald D. Laing, »The Divided Self« (1960) – Truman Capote, »In Cold Blood« (1966) – Tom Stoppard, »The Coast of Utopia« (2002). Alfred Döblins gnadenloses Großstadt-Epos »Berlin Alexanderplatz« (1929) ist eines von drei deutschen Büchern auf Bowies Liste.

»So give me your hand and say you'll be mine«: Ist das ein Liebeswerben der zartbesaiteten Carpenters? Zirpt da Barry Manilow, Lynn Anderson, Neil Diamond oder sonst ein Leichtfuß, der nichts unnötig verkomplizieren mag? Von wegen. Eine Zeile allein sagt eben nicht viel über die Poesie, die ein ganzer Song entfalten kann. Hier: »Mississippi« von Bob Dylan, der nicht immer nur der eigenen Wortkraft vertraute. Die genannte Zeile hat er in William Shakespeares Komödie »Measure for Measure« entdeckt – und dessen Verse von Beginn an in seine Lyrik einfließen lassen. Den Mann aus Hibbing, Minnesota, der nach New York ging, hat kein anderer Dichter so reichhaltig angeregt wie der Mann aus Stratford-on-Avon, den es im 16. Jahrhundert nach London zog. Dylan zitiert, verballhornt, beschwört Shakespeare – ohne blindlings niederzuknien. In »Stuck Inside of Mobile Within The Memphis Blues Again« (1966) vergleicht er sich so kühn wie lapidar mit dem Weltliteraten und fantasiert, dass der ihm glatt ein Mädchen wegschnappt. Höchstes Lob hat ihm Bob Dylan einmal in seiner Radioshow gespendet: »As usual, Willy the Shake said everything you need to say.« Bobby, der Hofpoet des Rockzeitalters, für seine Textkunst 2016 mit dem Nobelpreis gekürt, muss indes Hunderte von Werken verschiedenster Epochen gelesen und einiges darin dick angestrichen haben. Inspiriert haben ihn unter anderem der Grieche Homer, der Römer Ovid, die Franzosen Villon und Baudelaire, die Landsleute Mark Twain, Whitman, Fitzgerald sowie der Augsburger Dichter Bertolt Brecht. Ihm verdanken wir Dylans Protestruf »The Times They Are a-Changing« – eine Anleihe aus Brechts Gedicht »Das Lied von der Moldau«, das der Brite George Tabori für die Broadway-Revue »Brecht on Brecht« übersetzte. Im Original heißt es: »Es wechseln die Zeiten. Die riesigen Pläne/ Der Mächtigen kommen am Ende zum Halt.«

»Little Tin Soldier« von Shawn Phillips ist die Folk-Rock-Ausgabe eines Märchens, das Hans Christian Andersen 1838 schrieb: Der standhafte Zinnsoldat. Der kleine Kerl liebt glühend eine Papier-Ballerina, gerät aber auf eine weite Irrfahrt, kehrt doch noch zurück zur Tänzerin und beide Liebenden gehen buchstäblich in Flammen auf: »They jumped into a fire and in this fire they will stay forever and a day.« Donovans Version des Songs hat mehr Temperament.

»Nevermore« aus dem zweiten Queen-Album verknappt das düstere Langgedicht »The Raven« (1845) von Edgar Allen Poe. Ein Trauernder, der seiner toten Geliebten nachhängt, wird nachts von einem Raben aufgesucht. Er fragt das Tier nach seinem Namen – gekrächzte Antwort: »Nevermore!«

»Wuthering Heights« von Kate Bush greift auf den Roman gleichen Namens zurück, den Emily Brontë 1847 veröffentlichte. »Out on the wiley, windy moors ...« – über ungemütliches Hochmoor geistert eine verlorene Seele und holt ihren stürmisch geliebten Stiefbruder zu sich. »Heathcliff, it's me, I'm Cathy/ I've come home, I'm so cold/ Let me in through your window.«

»Journey to the Centre of the Earth« ist Keyboarder Rick Wakemans Version des französischen Science-Fiction-Klassikers, den Jules Verne 1864 schrieb. Ein Abenteuer mit felsigen und feurigen Hindernissen. Für Wakemans bombastische Umsetzung traten hundert Jahre danach Philharmoniker, ein Kammerchor, handverlesene Rockmusiker live an – und ein Schauspieler, der aus dem Roman erzählte. Die Kosten trug Wakeman selbst, indem er mehrere seiner Autos verkaufte. Vergoldete Alben aus drei Ländern kamen zurück.

»Goodbye Yellow Brick Road« von Elton Johns ist fest verklammert mit Lyman Frank Baums Kinderbuch »The Wonderful Wizard of Oz« (1900). Das Cover der LP schmückt außer dem Namen eine Zeichnung des gelben Backsteinwegs, der im Buch zur verheißungsvollen Smaragd-Stadt im Lande Oz führt. Auch der Titelsong dreht sich um diesen Weg und sucht eine Abkehr von gesellschaftlichen Schein-Werten, sehnt sich nach einem einfachen Leben. »You can't plant me in your penthouse, I'm going back to my plough«.

»Town Without Pity« war 1961 Gene Pitneys erster Top-20-Treffer und der Titelsong im gleichnamigen Film mit Kirk Douglas. Auf Douglas' Wunsch wurde das Drehbuch umgeschrieben, dabei ließ die zugrundeliegende Geschichte gehörig Federn. Gleichviel – weder Kinodrama noch Titelmusik wären ohne diesen deutschen Roman entstanden: »Das Urteil« von Manfred Gregor, der schon den literarischen Anstoß für den Antikriegsfilm »Die Brücke« gegeben hatte. Pitney beklagt im Song, wie mitleidlos und lüstern ein Strafprozess-Publikum die Gefühle eines jungen Liebespaars missachtet – ein wichtiges Motiv auch in Gregors Buch. »Why do people hurt us so/ .../ We're like tigers in a cage.«

»Bright Eyes« wurde geschrieben von Mike Batt, gesungen von Art Garfunkel und war Hauptsong der Roman-Verfilmung »Watership Down«: Ein Zeichentrickfilm und für viele Zuschauende nicht minder packend als Richard Adams' Erzählwerk von 1972. Eine Kolonie Wildkaninchen flieht vor menschlicher Naturzerstörung und durchlebt Abenteuer, in denen auch das Wesen der eigenen Spezies zur Debatte steht. Das Lied beklagt den Tod eines der vierbeinigen Helden: »Bright eyes, how can you close and fail?/ How can the light that burned so brightly/ Suddenly burn so pale?«

Rock und Pop in der Literatur

Die Wucht eines Gitarrenriffs. Eine gescheite oder berührende Textzeile. Die Kunst, aus wenigen Akkorden ein Tonstück zu gießen, das etwas verändert. Empfindsame Stubenhocker kann das beflügeln, wenn sie am Schreibtisch sitzen und die Welt neu sortieren. Rock und Pop haben immer wieder auf achtbare literarische Werke durchgefärbt.

In seiner Erzählung »Versuch über die Jukebox« (1990) verwertet Peter Handke eine Leidenschaft, die ihn als Student packte. Stunde um Stunde saß, hörte, schrieb er in Cafés. Versenkte Schilling um Schilling in Musikautomaten und drückte die Titel schwarzer Scheiben: Kinks, Beatles, Creedence Clearwater Revival, Stones, Sonny & Cher ... Als der junge Dichter 1966 seine aufsässige »Publikumsbeschimpfung«

vorlegt, empfiehlt er in »Regeln für die Schauspieler«, sie sollen die »Pop-Fuge« »Tell Me« von den Stones hören und die Filme der Beatles anschauen, insbesondere »Ringo Starrs Lächeln«. Er selbst tritt wie ein Bücher-Beatle auf, Pilzkopf-Frisur, dunkle Brille – optische Absagen an den herrschenden Literaturbetrieb. Von Bob Dylan beeinflusst ist ein frühes und durchaus singbares Handke-Gedicht: »Der Text des rhythm-and-blues«. Er sieht in der Rock- und Popkultur eben nicht nur Unterhaltungsklimbim. Das zeigt die Vielzahl rockiger Anspielungen und Zitate, die sich durch das gesamte Werk des Nobelpreisträgers von 2019 ziehen. Oft kleinlich langwierige Erkundungen von innen nach außen und andersherum – keine Bücher für den Baggersee, nichts für Ungeduldige. So verkürzt und griffig, wie manche Liedpoeten es hinbekommen, schreibt ein Handke nun mal nicht. Aber fast immer, wenn er Songs heraufbeschwört, leuchtet intensives oder, in einem Wort dieses Dichters, »geglücktes« Leben auf.

Wuschel heißt ein Held in Thomas Brussigs Roman »Am kürzeren Ende der Sonnenallee« (1999). Während die anderen zur DDR-Tanzschule gehen, versucht er unbeirrbar, an »Exile on Main Street« von den Rolling Stones heranzukommen. Nach Jahren hat Wuschel die Langspielplatte aufgetrieben und wird bei einem gewagten Ausflug in den Mauerstreifen von Grenzsoldaten beschossen. Er hält die Platte unter der Jacke versteckt: Die gefährlichste Kugel prallt an »Exile on Main Street« ab.

Mindestens zwei Liedtitel der Beatles haben es auf Buchdeckel von Romanen gebracht. Jennifer Lauck schildert in »Blackbird« (2000) die Szene einer Zwillings-Hausgeburt, die McCartneys Gesang betörend untermalt: Eine Befreiung in tiefer Nacht, harfenartig begleitet. Douglas Couplands »Eleanor Rigby« (2004) handelt von einer Sachbearbeiterin, die allein mit sich lebt. Ein ereignisloses Dasein, bis sich ihr Sohn meldet, den sie einst zur Adoption freigegeben hat. Das Thema Einsamkeit knüpft an die kleine, große Skizze des Beatles-Songs an – auch an die alltäglich wirkenden Namen im Song. Die Hauptfigur im Buch heißt Liz Dunn, ihre E-Mail-Adresse lautet »Eleanor Rigby«.

Auf der Couch eines Psychoanalytikers packt der unergründlichste Beatle seine Seele aus – zumindest in der Biographie »Lennon« (2018), die der Franzose David Forenkinos fiktiv ausmalt. Er beschreibt Lennons Aggressionen, Frauenverachtung, Humor und einmal mehr – seine Einsamkeit. Trotz der Ehefrauen Cynthia und Yoko und der drei langjährigen Gefährten.

Musik aus dem Walkman als Überlebensmittel ist ein wiederkehrendes Motiv in Arno Franks autobiographischem Roman »So, und jetzt kommst du« (2018). Vater Hochstapler, verantwortungslos, realitätsblind, schließlich samt vierköpfigem Anhang auf der Flucht vor Interpol quer durch Europa. Ein tragikomischer Familienwahnsinn. Der älteste Sohn ist im Verlauf der Irrfahrt zwischen 11 und 13. Was ihn trägt, ist nicht zuletzt eine Kassette mit Live-Musik: Simon & Garfunkels historisches Konzert 1981 im Central Park.

»Shade of Pale« hat Greg Kihn 1997 seinen zweiten Roman betitelt und darin Procol Harums Song »A Whiter Shade of Pale« eingearbeitet. Kihn war zuvor Rockmusiker und verwendet das Stück gewissermaßen als Kontrastmittel. Während in der mystisch durchwirkten Horrorgeschichte ein Perverser seine Mordopfer fotografiert, hört er genüsslich die feierlich dahinfließende Melodie.

Und schließlich die Warnung vor einem Missverständnis: Robert A. Heinleins »The Rolling Stones« ist ein Science-Fiction-Schmöker aus dem Jahr 1952, als Jagger und seine nachmaligen Kumpel noch kurze Hosen trugen! Der Autor erzählt keine Musiker-Odyssee, sondern das galaktische Sightseeing der Familie Stones, ihre Suche nach Heimat und Geld. Eine Art unbewusste Antwort von Jagger/Richards: Ihr Song »2000 Light Years From Home« anno 1967.

Laut – lauter – The Who

Diese unüberhörbare Schnurre stammt von Giles Martin, der popmusikalische Fakten aus erster Hand kennt. Kein Wunder bei dem Vater: Giles kann aus Erinnerungen schöpfen, die ihm Beatles-Produzent George Martin anvertraute. Im Londoner Crystal Palace hatten The Who ihre Gerätschaften dermaßen aufgedreht und verstärkt, dass in einem nahen Teich alle Fische starben. Die Todesursache war mithin buchstäblich ein Mordsradau. So meldete es eine britische Tageszeitung und erklärte die Burschen um den paukenden Wahnwitz Keith Moon gleich mal zur lautstärksten Band der Welt. Die Geschichte liest Paul McCartney, der es jetzt wissen will. Prompt komponiert und krakeelt er mit den anderen drei im Bund »Helter Skelter« – ein Bulldozer-Stück und nicht gerade das originellste der sonst so ideenreichen vier. Was man von dem Rabatz mit einigem guten Willen dennoch sagen kann: Es war ein 1968er-Vorgriff auf Heavy Metal, tierfreundlich aufgenommen im Gemäuer der Abbey Road Studios.

Die Mutter aller Rock-Open-Airs

Beim Aufbau eines Denkmals kann es sehr unfair zugehen. Eine Gestalt, ein Symbol wird auf den Sockel gehievt und beklatscht. Dabei wäre der Ruhm eigentlich zu teilen, denn immer gibt es unentbehrliche Zuarbeiter, Ideengeber, Vorboten. Oder kräftige Parallelen. Ein juristisch pikantes Beispiel, das einem Ex-Beatle seltsame kreative Antennen zuschreibt, ist der Song »My Sweet Lord« – George Harrisons erfolgreichster Aufschlag ohne Beatles. Der frömmelnde Hit ging 1971 in seinem Namen um die Welt, obwohl die gospelartige Melodie von der Girlgroup The Chiffons stammte. Genauer: Von ihrem Autor Ronnie Mack, der die Musik 1963 erfolgreich vorgelegt hatte. Der beteiligte Verlag klagte, ein Gericht erkannte auf »unbewusstes Plagiat«: Hinduist Harrison musste fast 600.000 US-Dollar der Tantiemen aus »My Sweet Lord« zahlen – andere Quellen sprechen sogar von einer Million mehr. Im verminten Grenzgebiet zwischen Mein und Dein ließ ihn sein süßer Herr und Gott hängen.

Auch die monumentale Woodstock Music & Art Fair fiel 1969 nicht einfach vom regnerischen Augusthimmel. Wenn

Rockfestival bedeutet, dass Rock dominiert und eine große Anzahl von Interpreten auftritt, verteilt auf mehrere Tage und unter freiem Himmel – dann gab es das erstmals bereits 1967 in Nordkalifornien. Schauplatz war am 10. und 11. Juni ein Amphitheater auf dem Mount Tamalpais, Kosename Mount Tam. Rund 36.000 junge Leute zog es auf diese malerische Anhöhe oberhalb der Bucht mit dem Hippie-Mekka San Francisco. Das letzte Stück bergan überwand man in gelben Schulbussen, die der Veranstalter gemietet hatte. Oder auf dem Rücksitz einer Harley-Davidson, die einer der selbsternannten Ordner von den Hells Angels lenkte. Oder Schritt für Schritt wie Jorma Kaukonen von Jefferson Airplane, der den 600-Meter-Aufstieg samt Gitarre zu Fuß machte. Die Ankömmlinge begrüßte ein bunter riesiger Buddha-Ballon zum »Fantasy Fair and Magic Mountain Music Festival«. Ein zeitgemäßer Name, denn an der Westküste trieb die Alternativkultur soeben üppige Blüten. Man trug Blumen im Haar und lebte gemeinschaftlich, ging auf Trips und ließ arglos die Haustür offen. Es war der Summer of Love. Wer – wie Jefferson Airplane – zwei Jahre später auch Woodstock besuchte, hat sich da an manches erinnert gefühlt. Phonstarker Sound, besänftigende Drogen, Gesamteindruck friedvoll. Entschieden umweltfreundlicher verlief das Open Air auf dem Mount Tam, dort lag hernach der meiste Müll in Abfallkübeln. Doch abgesehen vom unchaotischen Ablauf und dem ortsüblichen Sonnenschein: Was verlieh der »Fantasy Fair« ihren ureigenen Charakter? So einiges. Vom Ereignis auf dem schönen Berg ist kein Dokumentarfilm und keine Dreifach-LP geblieben, überlebt hat es in wenigen Tönen und ein paar Videoschnipseln, auf Fotos und in erzählter Form. Alle Fans waren mit Eintrittskarten für 2 Dollar preiswert dabei (Woodstock geriet erst infolge des Massenandrangs zur Gratisparty. Das Tagesticket hatte im Vorverkauf 7 Dollar gekostet, für 2021 umgerechnet knapp 50 Dollar). Die Einnahmen gingen an ein Kinderheim – die engagierten Künstler spielten kostenlos. Amerikanische Künstler blieben im Übrigen unter sich, britische oder indische Gastbeiträge waren Fehlanzeige. Und drei Mitwirkende gab es, die man auch in Woodstock allzu gern erlebt hätte: Tim Buckley, The Byrds, The Doors. Janis Joplin stand Mitte 1967 kurz vor ihrer Antritts-LP und vielleicht auch deshalb noch nicht auf der Bühne. Ihre erste Sternstunde blieb im August dem Monterey Pop Festival vorbehalten. Auf dem Mount Tam hat sie sich ganz Ohr ins Publikum gehockt.

Die Phantomband mit dem Phantomlied

Das Merkwürdige an dem Geschenk habe ich zunächst übersehen. Nahe Verwandte hatten mir »Sugar Sugar« Ende der 1960er zu Weihnachten aufgenötigt. Die Single steckte in einer Hülle mit taubenblauem Grund, darauf in Würfelzucker-Lettern der Titel des Songs und der Name The Archies. Die ausführende Band war jedoch nicht abgebildet, und das kam sehr selten vor. In dem Fall ging es gar nicht anders, denn als geschlossene Formation gab es keine Archies, nur als immerzu neu gemischte Crew in einem Studio Manhattans. Der Name war »just for show«. Etwa fünf ständig wechselnde Musiker, ferner ein paar Songtexter und Techniker sorgten für simple, gefällige Klänge mit riesigen Umsätzen: Zielgruppe Kinder und frühe Teenager. Allein »Sugar Sugar« wurde weltweit mehr als fünf Millionen Mal abgesetzt. Als der musikalische Betreuer 1976 ging, löste sich das Archie-Kollektiv auf. Dass es eine Gruppe ohne Gesichter war, hat niemanden arg gejuckt. Sie vertrat die neue Rubrik Bubbblegum Music, und das traf die Sache ganz gut: Künstlich gesüßt, schnell reingezogen wie Kaugummi, geistesabwesend konsumierbar. Für das euro-karibische Quartett Boney M., Produktionssitz Offenbach, von dem ab 1975 fast zehn Jahre lang Disco-Hits erschienen, wurde nicht mit Fotos gespart, dafür an Bekleidung. Und zwei der Stimmen gehörten grundsätzlich Studiomusikern. Ob »Daddy Cool« erklang oder »Rivers of Babylon« – Vortänzer Bobby Farrell durfte auch auf der Bühne Gesang nur heucheln. Für ihn vokalisierte Frank Farian, der trickreiche Produzent. Ein großes Geheimnis war das alles nicht und auch kein Anlass, sich über Schummelei aufzuregen.

Dabei geht durchaus noch mehr Verzicht auf physischen Leistungsnachweis. Jahrzehntelang sind eine Gruppe und ihr einziger Song reiner Spuk geblieben – bis auf ein bisschen Druckerschwärze auf Papier. Kurz angebundener Name der Künstler: D. A. Ihr leicht zu merkender Werktitel: »Ready'n'Steady«. Plattenfirma: Rascal. So vermerkt es das US-Musikmagazin Billboard in seinen höchst maßgeblichen Charts im Juni 1979. Über Rang 102 kommt der Titel nicht hinaus, aber auch Newcomer kurz vor dem Sprung in die Top 100 wecken ja Interesse. Was hat »Ready'n'Steady« inhaltlich zu bieten? Wer sind D. A., und wer verantwortet Rascal? Routinefragen beim Billboard Magazine, die Antworten laufen jedoch auf ein verdutztes

Schulterzucken hinaus: No idea! Das hat es noch nicht gegeben: Nie irgendwo gesendet, nie verkauft, auf keinem Tonträger zu haben und trotzdem gelistet. Offenbar eine komplette Phantomnummer, unbekannt auch das Label.

Den Fall übernehmen die Spezialisten von Record Research und spüren dem Kuriosum hinterher. Das Archiv dieser Firma hortete damals alle Singles, die es je zu einem Billboard-Platz gebracht hatten, auch alle Exemplare auf den Rängen jenseits der magischen 100. Alle – nur nicht »Ready'n'Steady«. Außer Haus verläuft die Recherche nicht ergiebiger. Eine Kleinanzeige für ein Label namens Rascal taucht auf, führt aber nur zu einem verbretterten, leeren Haus in Detroit. Punkrockerinnen aus Chicago haben tatsächlich als DA! eine Single veröffentlicht, die aber ganz anders heißt. 2009 haben die Forscher und Sammler den Nebel um das Musikstück noch immer nicht gelichtet. Ihr Chef stellt ernüchtert fest: »I don't think it exists.« Ende der Mission – vorläufig. Paul Haney heißt der Mitarbeiter, der weiterstochert und 2016 das verblüffendste Publikationsrätsel der Musikindustrie doch noch auflöst. Ein Eintrag in der Urheberrechtsbehörde belegt, dass 1986 ein Song mit dem gesuchten Titel angemeldet wurde, komponiert 1979 von Dennis Armand »D.A.« Lucchesi, einem kalifornischen Pfandbriefmakler und Teilzeitmusiker – und von seinem Co-Autor Jim Franks, der noch lebt. Franks beschafft Haney ein Tonband mit »Ready'n'Steady«, und dann ist es soweit. 37 Jahre lang war das Lied einfach nicht zu fassen, am 8. Juli 2016 geht es in einer Radiostation in Minneapolis auf Sendung. Gut drei Minuten possierlicher Cheerleader-Spaß. Rascal, den kommerziellen Überbau, hat damals irgendein bekanntes Label frei erfunden und vorgeschoben, glaubt Haney – »and somehow they managed to get the song listed.«

Die schlimmsten Finger (Teil 2)

Auch das gab es: Nach außen Wildfang und Umstürzler, privat traditionsbewusst, ja ordnungsliebend. Elvis Presley erschreckte das bürgerliche US-Amerika mit lasziven Beckenschwüngen, sagte aber zu jeder Frau artig »ma'am« und zu jedem Mann höflich »sir«. Wenn Frank Zappa sich nicht gerade auf dem Klositz ablichten ließ oder deftig gottlos sang, soll er daheim die Familie vorbildlich umsorgt haben. Drogen und Alkohol ging der exzessive Klangbildner aus dem Weg, seine Werke konnte Zappa fließend in Partitur fassen. Hergebrachte Gebote öffentlich zu zerlegen, das war eben das eine.

Andere skandalträchtige Finger haben auch jenseits von Bühne und Studio weiter dick aufgetragen. Ihre Ausflüge auf gesellschaftliches Glatteis: Maßlos gebechert und gekifft, geschnupft und gespritzt. Nackt und bedröhnt durchgefeiert. Fahnenflucht angezettelt, Hotelsuiten zertrümmert, Steuern einbehalten. Und nicht zu vergessen ein sprunghaftes Beziehungsleben. Gewöhnlich waren das Eskapaden, die bei den Fans als szenetypisch durchgingen, auch wenn ihre Idole Menschen schadeten und Paragraphen brachen, die das Publikum, so darf man getrost vermuten, weitgehend befolgte. Den eigenen Götzen sieht man bekanntlich vieles nach, um sie nicht zu verlieren. Oder um heimlich zu genießen, wie sie stellvertretend ausschweifen.

Ein paar wenige Protagonisten bilden den harten Kern der Missetäter. Was sie anstellten, machte sie selbst im Stammpublikum zur Unperson, endete mitunter sogar hinter Gittern. Jerry Lee Lewis, der große wilde Mann des Rock'n'Roll, war in den Sympathien unten durch, als er die 13jährige Tochter eines Cousins heiratete. Jahrelang konnte der »cradle snatcher« (Kinderräuber) nur in ranzigen Clubs für eine Handvoll Dollar und Gratis-Drinks spielen. Das Comeback war mühsam. Gary Glitter verging sich an jungen Mädchen und musste für 16 Jahre ins Gefängnis. Mit seinen Sexualdelikten hat ihn der soziale Tod ereilt, zugleich ist seither Glitters Anteil an der Rockmusik – schriller Glam(-our) Rock – wie weggewischt. Fame over.

Ähnlich hätte es Chuck Berry treffen können. Ja, genau, der schnörkellose Godfather des Rock'n'Roll, der den spaßigen Entengang drauf hatte. Ein Blick in seine Negativ-Akte: Als Teenager wurde er nach bewaffneten Raubüberfällen drei Jahre ins Jugendgefängnis gesperrt; in seinen Dreißigern bekam er an die zwei Jahre Haft wegen Zuhälterei mit einer Minderjährigen; es folgte eine monatelange Haftstrafe wegen Steuerhinterziehung und Falschaussage. Noch mit über 60 verfolgten Berry diverse Affären. Er belästigt eine Zuschauerin nach einer Show und muss eine Geldstrafe zahlen. In seinem Amüsierpark filmt er mit versteckter Videokamera auf der Damen-Toilette und soll gut eine Million Dollar gezahlt haben, um die Sammelklage von 58 Frauen beizulegen. Anschließend gibt es Ermittlungen auf seinem Anwesen und Berichte über unangemeldete Waffen, Drogen und pornographische

Acht-Millimeter-Filme, auch mit posierenden Jugendlichen. Der Angeklagte kommt auf Bewährung davon und erneut ist nur eine Geldstrafe fällig.

Dieser einflussreiche Gitarrist und Songschreiber, der mit seinem Können soziale Schranken überwand, hat bitter beklagt, die Gerichte hätten ihn aufgrund seiner schwarzen Hautfarbe überhart herangenommen. Schwedens Königin Silvia, die sich für missbrauchte Mädchen einsetzt, boykottierte einmal eine Feier zu seinen Ehren. Doch Fans in aller Welt und die Stars in seiner Spur haben ihm bis zum Ende gehuldigt. Berrys Beliebtheit war sein Schutzschild. Seine Kunst blieb bei allen persönlichen Verfehlungen magnetisch und Song für Song mit jedem gedruckten Gesetz vereinbar. Zwei Herren im Weißen Haus ließen den Rock'n'Roller mehrmals aufspielen. Als er hochbetagt stirbt, twittert ihm Barack Obama anerkennende Worte hinterher – und eine wohlwollende Ermahnung: »We'll miss you, Chuck. Be good.« Sei brav.

Der 100-Stunden-Song

Gegen Ende der Mittelstufe konnten wir unserem Musiklehrer ein Zugeständnis abringen. Ein bisschen moderne Mitbestimmung beim 45-Minuten-Programm, das Herr Bischof vorzugsweise mit Bach, Beethoven und Schubert bestritt. Verabredet wurde: Einmal im Monat darf einer von uns eine Schallplatte mit einem Lieblingsstück mitbringen, das kommentarlos abgespielt wird. Danach Aussprache. Erlaubt ist alles außer Klassik.

Ich fing gleich Feuer und wollte den Fachmann einladen: »Hören Sie, wie toll unsere liebsten Choräle klingen, unsere Mini-Sinfonien!« Mein Mitbringsel war »The Boxer« von Simon & Garfunkel, Track 1 auf der B-Seite ihres letzten Albums, »Bridge over Troubled Water«. Die Szene im Musikraum ist ein Kurzfilm in meinem Langzeitgedächtnis geblieben: Herr Bischof – etwas größer nur als sein Klavier, angegrauter Haarkranz – erwartet mich mit leicht fragendem Blick vor der Stereo-Anlage. Wir teilen uns ein Ritual, das mir in allen Gesten und Insignien vertraut ist: Die mattschwarz glänzende Scheibe mit dem orangen CBS-Label, sachte ziehe ich sie aus der Hülle, einem Papp-Quadrat. Dessen Vorderseite füllt ein grobkörniges Foto, frontal aufgenommen. Kleiner Simon vorn, hoch gewachsener Garfunkel dahinter, beide vielleicht unterwegs in einer New Yorker Straßenschlucht. Herbstfarben von kühlem Blau-Grün bis Torfbraun. Ich beäuge noch kritisch den Verstaubungsgrad der LP, Herr Bischof legt sie auf. Er schaltet ein, setzt die Diamantnadel des Tonarms behutsam vor die Anfangsrille und geht schweigend hinter die letzte Stuhlreihe. Das pubertierende Publikum wird ganz still. Ein leises Knistern, jetzt die grandiose Eröffnung – eine silbrige Kaskade aus gepickten Akkorden. Das Duett setzt ein, zuerst – selten für Simon & Garfunkel – fast durchweg einstimmig, und schon gehen die Stimmen in das Gewebe über, das sie in den Himmel des Harmoniegesangs gehoben hat.

Der Musiklehrer hat gleich ganz andere Eindrücke vom »Boxer«. Noch vor dem Ende der ersten Strophe eilt er aufgebracht nach vorn und stoppt die Vorführung. Sein Unmut ballt sich in ein drakonisches Urteil: »So etwas ist keine Musik, das ist Gejaule!« Gesprächsbedarf zeigt er nicht. Was ist los? So disziplinlos ist uns dieser sonst friedfertige Pädagoge fremd. Ein umständlicher Notenschrift-Erklärer zwar, aber meist guter Dinge. Halb zärtlich nennen wir ihn Fipps – wie das Äffchen Fipps bei Wilhelm Busch. Und jetzt so ein barscher Missklang! Mehr verletzt als verdattert stecke ich den Tiefschlag ein und die neugekaufte Platte wieder in die Papptasche. Auch beste Freunde sind so baff, dass niemand zurückboxt – bis auf den mit den längsten Haaren. Zögernd meint er, vielleicht komme ja ein anderes Stück auf dem Album in Frage. Der Beistand ist ehrenwert, allein – »The Boxer« ist nun mal Simon & Garfunkel in Bestform. Ein paar Konter aus der Musiktheorie hätten vielleicht gesessen. »Diese Tonpräzision«, hätten wir Herrn Bischof ja vorhalten können, »kriegt unser Schulchor das hin? Und singen die zwei nicht ziemlich saubere Quinten? Gekonnt, oder?« Gar nicht zu reden vom Zusammenspiel zwischen Musik und Text. Und überhaupt die Vorgeschichte zum Song ...

Von Mitte November 1968 an zogen sich Gestaltung und Aufnahme dieses einen Lieds über Wochen hin. Die Studio-Arbeit verteilte sich auf mehr als 100 Stunden und auf mehrere Räume in zwei Städten. Stattliche 5 Minuten und 10 Sekunden ist die Handelsware schließlich lang und wird bald zum populären Klassiker, ein Pflichtstück unter Lagerfeuergitarristen. In Nashville und den New Yorker Columbia Studios wird an Paul Simons Verlierer-Ballade geschliffen, gefeilt und poliert. Für den Gesangspart im aufwühlenden Finale zieht man in Manhattans Upper West Side in die St. Paul's Chapel, der Kuppelbau gibt dem dreisilbigen Refrain sein unendlich klagendes Echo: »Lie-la-lie...« Simon ist der Melodienfänger und Verseschreiber des Duos. Art Garfunkel die glockenklare zweite Stimme und der größere Pedant der beiden. Hinzu kommt die einfühlsame Nummer drei im Hintergrund: Toningenieur Roy Halee dirigiert den Aufnahme-Marathon am Mischpult. Elf unterschiedliche Instrumente kommen ins Spiel, darunter so ein ausgefallenes wie die Bass-Harmonika und eine Pedal Steel. Ein Fahrstuhlschacht wird zweckentfremdet, um den Nachhall von Trommelschlägen zu verstärken. So klingen die Hiebe auf das müde Kämpferherz im Songtext. Getragen wird die Begleitung von einem rasch fließenden, zeitweise mehrschichtigen Gitarrensound, den Simon zusammen mit Fred Carter Jr. aus den Fingern und Saiten holt. Fred über Simon & Garfunkels und Halees Detailverliebtheit: »They were really scientists. They'd get on a part and it might be there unfinished six weeks later. We experimented with ideas.« Carter bespielt während der Sessions bisweilen sieben Mikrofone gleichzeitig, die in unterschiedlichem Abstand zum Schallloch platziert sind. Das Solo der hohen Piccolo-Trompete, die auch in manchem Bachwerk zum Einsatz kommt, hätte Herrn Bischof möglicherweise beeindruckt. Aber da war sein Geduldsfädchen ja schon gerissen. Monate danach vollzog er eine Kehrtwende. Mein neues Angebot war »The Long and Winding Road« von den Beatles. Die Single legte er vor lauter Verzückung gleich zweimal auf und hinterher auch noch die B-Seite mit dem bluesig dahinschlitternden »For You Blue«. Fand er rhythmisch durchaus interessant, dieser Fipps.

Das beliebteste Piano

Was haben »Get it on« von T. Rex, Elton Johns »Your Song«, »Seven Seas of Rhye« von Queen und Carly Simons »You're so Vain« gemeinsam? Was verbindet die Klangfarbe dieser Stücke? Sie wurden über drei Jahre hinweg aufgenommen, der Stil reicht von romantischer Ballade bis zum Boogie-Glamrock. Und doch klingen jedes Mal helle, knackige Pianotöne durch und brennen sich ein. Die Anschläge stechen hervor, auch wenn Gitarren, Schlagzeug oder Gesang anführen. Sie kommen von ein und demselben »grand piano« – einem Konzertflügel, der in den Londoner Trident Studios stand und die Stars herbeilockte wie eine Portion Apple Crumble die Wespen. Name des Instruments: Carl Bechstein. Geburtsjahr und -ort: 1896 in Berlin. Besondere Kennzeichen: Von Hand gebaut, Mechanik belastbar, strahlender Klang. Wohnsitz des Veterans von 1967 bis Anfang der 1980er Jahre: Eine Seitengasse mitten in Soho, hinter Tridents schmaler Klinkerfront. Dorthin sind auch die Beatles gefahren, um »Hey Jude« einzuspielen, die meistgekaufte Single ihrer Laufbahn. In der gewohnten EMI-Residenz im Stadtviertel St. John's Wood ließ sich zwar abgeschirmter und geräumiger arbeiten. Dafür hatte die Innenstadt-Adresse nicht zu verachtende Extras: ein Achtspur-Mischpult, eine hallverstärkende Echokammer – und den Bechstein-Flügel eben. Um seine Hämmer auf die Saiten zu bringen, musste man vergleichsweise heftig in die Tasten greifen – was kristallklare Töne und ein ordentliches Grundvolumen erzeugte.

So gefragt das tiefschwarz lackierte Unikat längere Zeit war, so dissonant sein Abgang und kaum geklärt sein Schicksal danach. Das Studio in Soho schloss 1981, beim Herausschaffen soll das Schwergewicht den Möbelpackern entglitten und laut gelandet sein. Angeblich hat der reparierte Flügel 2008 bei Sotheby's noch etwas hergemacht und 200.000 Pfund erzielt. Doch wer hat ihn erworben? Wo kam der verdiente Solitär unter? Wieder in einem Studio, in einem Museum, einer feudalen Zimmerflucht? Forscher und Sammler treibt das nicht weiter um. Die Reise, nur so viel scheint gesichert, ging in die USA und damit aus den Augen, aus dem Gehör. Die millionenschwere Verehrung, die Originalgitarren bis heute genießen, ist einem Klavier bisher versagt geblieben – sogar dem einmaligen Bechstein.

Das erste Deutschrock-Album

»Oh du-hu-hu bist so schö-hö-hön, schön wie ein Diamant!
Ich wi-hi-hill mit dir ge-he-hen
Komm gib mir Deine Hand!«

Nun gut, so hat eine glorreiche Band einen ihrer Songtexte eindeutschen lassen und tapfer vom Blatt gesungen. Der Export schlug ein. Ohne die mitreißende Melodie von »I Want to Hold Your Hand« allerdings wäre der Text durchschnittliche Schlagerware. Selbst die Originalzeilen in der Beatles-Muttersprache waren nicht wirklich originell. Der Unterschied: Auf Englisch klang niedliche Boy-meets-girl-Poesie glaubhafter. »And when I tell you I feel happy inside ...« Wer so etwas von sich gab, griff zwar nach Phrasen, aber dahinter tat sich nichts Abgründiges auf, lag nicht der Horror einer vermeintlichen Kulturnation, die den Zweiten Weltkrieg entfesselt hatte. Die Nazizeit mit ihrer auf Befehl entfachten Sangeslust machte anspruchsvollere Liedautoren jahrzehntelang sprachlos. Der Umgang mit gefühlsgeladenen deutschen Worten hatte jetzt etwas Befangenes. Jenseits von miefiger Volksmusik und verlogenen Schlagern ging nichts Populäres mehr – nichts, was man kritischen jungen Leuten vorzusingen wagte. Und überhaupt müsse man in der Sprache Goethes und Nietzsches ja immer so viel mitdenken, hieß es aus Rockmusik-Kreisen.

Der Praktiker Sonny Hennig mochte die englische Kürze und Direktheit: »Es ist viel einfacher zu singen ›Baby, please don't go‹ als ›Schatz, bitte verlass mich nicht‹.« Sonny Hennig war der Sänger einer Nürnberger Gruppe mit dem merkwürdigen Namen Ihre Kinder. 1969 riskierte sie es mutmaßlich als Erste, ein ganzes Album mit eigenen, deutschsprachigen Rock-Songs zu bestücken. »'67 war ich das erste Mal in den USA, hab sechs Wochen in New York gelebt«, hat Hennig lebhaft im Radio erzählt. »Da ist mir aufgefallen, dass du als deutsche Band die Qualität nie kriegen wirst. Ist einfach 'ne andere Welt. Dann bin ich zurückgekommen und hab zu den Musikern gesagt: Hört zu, wir müssen irgendwas machen, was die Amerikaner und die Engländer nicht können. Und dann kam es zur deutschen Sprache.« Schwieriges Neuland ohne Vorbilder, so der Sänger und Texter. »Wie ich das erste Mal deutsch gesungen habe, mussten alle aus dem Studio raus, weil mir das sehr peinlich war.« Die Band griff schwerverdauliche Themen auf: Drogenmissbrauch, Kriegsopfer, Apartheid, Gefängnishaft. Wie kamen Ihre Kinder damit an im Land? »Die haben sich natürlich wie die Geier auf die Qualität unserer Texte gestürzt. Wir wurden mit Bertolt Brecht verglichen. Die Texte waren schon gut – aber nicht verglichen mit Brecht!« Immerhin folgten Artikel in etlichen Zeitungen, bloß zwei renommierte Blätter aus Hamburg, Stern und Spiegel, druckten nichts über die Deutschrocker. Sonny Hennig weiter: »Udo Lindenberg hat immer zugegeben, dass wir die Inspiration für ihn waren. Ich weiß noch genau, wie ich den Stern aufgemacht habe: Doppelseite mit Konterfei von Udo und drüber stand: Der neue Sound kommt aus dem Norden! Da hatten wir nix dagegen zu setzen. Wir sind eben in Nürnberg geblieben. Das war der Fehler.«

Kurz vor Weihnachten 1970 haben sie dennoch – in Wiesbaden – vor Millionenpublikum gespielt. Die Band war beim ZDF Gast in der Samstagabendshow »Wünsch Dir was« und durfte mit den salonfähigen Bee Gees gewissermaßen um die Wette singen. Ihre Kinder trugen, was Rocker so tragen: Sonnenbrille, bunte Hemden, Jeans, lange Haare. Geboten haben sie zwei Lieder, kernig, kritisch. Die andere Gruppe kommt im Smoking und seift das Publikum sentimental ein. Noch während der Sendung rufen erboste Zuschauer an, die sich den deutschsprachigen Gesang von »diesen Typen« verbitten. Die Pioniere um Sonny Hennig bekommen live keine zweite TV-Chance, zehren aber eine Weile von der höchsten Gage, die sie je erspielt haben: 8000 Deutsche Mark.

What's in a name? (Teil 2)

Die Nürnberger Deutschrocker Ihre Kinder regte bei der Selbsttaufe ein Sachbuch an, das jede Illusion über das Sowjetsystem rauben wollte. Sie wählten die zwei letzten Worte im Titel des Weltbestsellers »Die Revolution entlässt ihre Kinder« von Rudolf Walter Leonhardt.

Die Puhdys waren die erfolgreichste DDR-Rockband und erhebliche Devisenbringer: Bis zur Wende haben sie international fast 20 Millionen Alben verkauft, auch in der Bundesrepublik. Ab 1970 sangen die Puhdys vor allem Deutsch – auf Druck von oben. Ihr putziger Name lenkt vom bisweilen hart zugreifenden Stil der Gruppe ab und verbindet die Anfangsbuchstaben der Ur-Puhdys Peter Meyer, Udo Wendel, Harry Jeske, Dieter Hertrampf.

Die Spider Murphy Gang aus München hatten von Anfang an den Gitarristen Barny Murphy (bürgerlich Gerhard Gmell) dabei, der Bandname beruht jedoch auf einem fiktiven Gangster im Elvis-Presley-Hit »Jailhouse Rock«, der eine schräge Party im Knast beschreibt. In der zweiten Strophe tritt er auf: »Spider Murphy played the tenor saxophone ...«

Amen Corner gaben ihrem größten Hitsong »If Paradise is Half as Nice« einen leicht religiösen Drall, und das gilt auch für den Namen dieses Septetts aus Wales. Es war die Bezeichnung eines regelmäßigen Soul-Abends in einem Ballsaal in Cardiff, geht aber zurück auf eine liturgische Besonderheit: »Amen-Ecke« hießen in protestantischen Kirchen Plätze –

meist nah beim Pfarrer – für den sogenannten Amen-Chor, der auf die Predigt antwortete.

The Animals waren zunächst bekannt als Alan Price Combo, das Publikum kam der Sage nach auf den Beinamen The Animals – wegen der wilden, tierischen Musik. Und den übernahmen die fünf dann ganz. Sänger Eric Burdon – der nicht zur Startbesetzung zählte – meint in seiner Biographie allerdings, der Name leite sich her von einem Mitglied der Squatters aus der Region Newcastle – »Animal« Hog. Auch er war sicher kein Leisetreter.

The Troggs wiesen mit ihrem ersten und größten Erfolg »Wild Thing« schon merklich auf den kommenden Punkrock hin, der Bandname griff dagegen weit zurück in die Menschheitsgeschichte: Ursprünglich nannten sich die vier Süd-Engländer The Troglodytes – die Höhlenbewohner. Die Verkürzung hat nicht geschadet.

Jefferson Airplane liehen sich den kuriosen Namen eines Hundes aus, der einem befreundeten Sonderling aus Berkeley gehörte – einem Typen, der sich gern bizarre Wortgebilde ausdachte. Auf Jefferson kam er durch das Blues-Urgestein Blind Lemon Jefferson. Airplane war wohl aus der Luft gegriffen.

Mad Dogs & Englishmen waren spontan und ausgeflippt, zahlreich und kurzlebig. Rund 60 Tage bestand diese 21-köpfige Schar, die im März 1970 ruckzuck rekrutiert wurde, um Joe Cockers überschäumende US-Tour zu begleiten. Eine Mischung aus Big Band und Hippiekommune mit sonderbarem Namen. Nur verrückte Hunde und Engländer setzen sich der prallen Sonne aus, hatte Noel Coward 1931 in einem Song getextet, der die britische Kolonialzeit aufspießte: »Mad dogs and Englishmen/ Go out in the midday sun/ The Japanese don't care to,/ The Chinese wouldn't dare to«.

ABBA steht bekanntermaßen für die Initialen von Agnetha, Björn, Benny, Anni-Frid. Das Wort war schon bei Band-Gründung auch der Handelsname einer großen schwedischen Fischfabrik, die der Namensgleichheit zustimmte. Der Beigeschmack ist dem weltweiten Fischzug des Quartetts nicht schlecht bekommen.

The Mamas & The Papas hatten sich zunächst auf Magic Circle verständigt. Dann sah Cass Elliot im Fernsehen etwas über den Motorrad- und Rockerclub Hells Angels, dessen weibliche Mitglieder »Mamas« genannt werden. Cass liegt gerade rücklings, kickt die Füße in die Luft und ruft: »I want to be a mama! I want to be a mama!« Bandleader John Phillips sagt OK – seine Frau Michelle und Cass sind künftig die zwei Mamas, er und Denny Doherty die Papas.

Led Zeppelin hießen noch The New Yardbirds, da verhöhnte sie Keith Moon, Drummer bei The Who, als völliger Schuss in den Ofen. Ihre Musik höre sich an wie ein »lead zeppelin«, ein Luftschiff aus Blei, ätzte er. Die Verspotteten griffen den Vergleich dankbar auf. Ein »a« ließen sie bei der Neubenennung fallen, blieben aber eisern bei ihrem geharnischten Stil.

The Rolling Stones erlebten ihren Taufakt im Frühjahr 1962. Beteiligt waren wohl – nicht unbedingt alle in Sichtweite – drei Namenspaten. Der älteste hieß John Heywood, ein Sprichwortsammler, der im 16. Jahrhundert aufschrieb: »the rollyng stone never gathereth mosse«. Ein rollender Stein setzt kein Moos an. In modernem Englisch ist die Formulierung »A rolling stone gathers no moss« geläufig. Der amerikanische Musiker Muddy Waters, der spät in den 1940ern den

Blues elektrifizierte, schob den rollenden Stein in zwei seiner bekanntesten Songs hinein. In »Mannish Boy« sieht Waters sich als mannhaften Frauenhelden, als tollen Hecht, der nicht zu Hause hockt, sondern auf Liebschaften aus ist. »I'm a full grown man, I'm a man, I'm a rollin' stone« – laut Stones-Bassist Bill Wyman das Statement, das Gruppengründer Brian Jones auf die Namensfindung gebracht hat. Wymans Vorgänger Dick Taylor verweist auf »Rollin' Stone«, Titelvariante »Rollin' Stone Blues« – ein weiterer Waters-Song mit ähnlichem Inhalt. Die Idee, sich nach diesem Titel zu benennen, sei der Band gemeinsam in einem Pub gekommen, so Taylor. Jones zufolge hatte er den Einfall dagegen solo und daheim, als sein Blick das Album »The Best of Muddy Waters« traf – Track 5 auf der A-Seite war »Rollin' Stone«. Keith Richards hat es ganz vergleichbar erzählt. Wie auch immer – das Wort vom Stein ohne Moos kann man so oder so auffassen. Entweder man verurteilt oder man begrüßt es, dass rotierendes Gestein Bewuchs abweist. Schade um die Pflanzen, die sich nicht entwickeln können. Schade um den Stein, der kahl und ungeschützt bleibt, weil er unstet umherrollt. Oder schön für ihn, denn sein andauerndes Herumtreiben hält ihn frei und unabhängig und beugt Altersstarre vor. Damit klärt sich von selbst, wie The Rolling Stones (anfangs The Rollin' Stones) – die immerzu rüstigen Rocker – ihren Namen begreifen.

Der Kinofilm »Rocketman« erzählt, wie Elton John vermeintlich zu seinem Pseudonym kam. Bürgerlich Reg Dwight genannt und auf dem Sprung in die Sololaufbahn, übernimmt der junge Künstler zuerst den Vornamen des Saxofonisten Elton Dean, bis dahin Mitspieler in ihrer gemeinsamen Band Bluesology. Im Film, den der Raketenmann mitproduzierte, sieht die Hauptperson schließlich auch noch ein Foto John Lennons, und schon ist sein Kampfname vollständig. Cineastisch ist das witzig, tatsächlich dürfte erneut eine Erinnerung an Bluesology gewirkt haben. Die Band begleitete den Sänger Long John Baldry, dem Elton John später den Song »Someone Changed My Life Tonight« widmete.

Die rustikalste Reklame

Damit ein Song überhaupt mal unser Trommelfell traf, brauchte es einst vor allem geneigte DJs oder Radio-Redakteure. Mundpropaganda in der Schule, am Arbeitsplatz, an Bushaltestellen tat ein Übriges. Heute herrscht digitale Selbstbedienung in riesigen Vorräten. Hör- und Kaufbereitschaft werden mit ausgefeilten Filmchen geweckt, die ein Vermögen kosten können. Die Hardrocker Black Oak Arkansas beschritten dagegen einen alten Pfad der Reklamebranche. Um ihr Album »Raunch'n'Roll« unters Fanvolk zu bringen, verschickten sie papierene Gutscheine, die ihre Anhänger köderten. Doch so rüde das Quintett auch musizierte – das Angebot war zentimetergenau durchdacht und verfolgte noch dazu soziale Zwecke. Jahrelang hatten die fünf Bandmitglieder sich mühsam ernährt, etwa indem sie immer wieder Blut spendeten gegen Bezahlung. Dann 1969 endlich ein Plattenvertrag und erkleckliche Gewinne. Die Truppe lässt sich in der Farmregion von Arkansas in Holzhäusern nieder – eine funktionierende

Kommune auf immerhin 650 Hektar Land. Erdverbunden ist folgerichtig der Gag, der bestimmt in kreativer Runde auf einer robusten Veranda entstand, Gemüsebeete vor Augen, Wohltätigkeit und LP-Absatz im Sinn: Ein halber Hektar des Anwesens wird symbolisch in lauter Quadratzoll-Portionen geteilt, auf Offerten gedruckt und dem knallhart donnernden Studioalbum beigelegt. Eine Viertelmillion Fans in aller Welt kaufen die Scheibe. Stolze Dollarbeträge nicht nur aus diesen Einnahmen haben Black Oak Arkansas für kommunale und karitative Projekte gespendet. Wow! You bloody fucking bastards! Just awesome!

Das einzige Lennon/McCartney-Album

Die Annalen des imaginären Pop-Weltkulturerbes weisen es längst aus: Im vierköpfigen Gesamtkunstwerk The Beatles waren John und Paul die Antreiber. Die Band hat, durch Lennon und McCartney inspiriert, eine längere Reihe von Alben eingespielt – reich bestückt mit Meisterwerken des Autorengespanns. Gut 140 Titel verteilt auf zwölf Langspielplatten. Ein Blick ins Kleingedruckte lohnt sich wieder mal. Es birgt eine Besonderheit, die ausdrücklich mit ins Kulturerbe gehört. Nur auf einer der zwölf Scheiben, und zwar der Nummer drei namens »A Hard Day's Night« vom Juli 1964, sind bei jedem Song ausschließlich Lennon/McCartney als Urheber vermerkt. Ob »If I Fell«, »Can't Buy Me Love«, »I'll Be

Back« oder eben das titelgebende Schmuckstück der Platte: Alles Material der zwei Oberkumpels (wobei diesmal Lennons Handschrift überwiegt). Das Beben, das sie von Liverpool aus um die Welt schickten – hier durchzieht es also nacheinander 13 Werke! Die übrigen Langstrecken der großen Vier bieten zwischendrin manchmal Songs anderer (Mit-)Autoren. Anfangs von Rock-Größen wie Chuck Berry und einem gewissen Mr. Penniman alias Little Richard, dann immer souveräner von Mit-Gitarrist George Harrison, und zwei Mal zeichnete sogar Trommler Ringo Starr alleinverantwortlich für Text und Musik. So ist denn also nichts einzuwenden, wenn ich es stets ein bisschen feierlich auflege, das one and only Lennon/McCartney-Album.

Die scheinheiligsten Paschas

Lauthals geweint vor Glück und in Ohnmacht gekippt. Blumen und Wäscheteile auf die Bühne geworfen – ach was, den Künstlern ihres Herzens zu Füßen gelegt. Seitentüren und Pforten belagert, um wenigstens ein Lächeln, einen Namenskringel zu erhaschen. Vielleicht noch nicht volljährig, aber für eine Nacht zu allem bereit. Die schwer maskuline Branche wusste, was sie am weiblichen Publikum hatte, und sie hat es ihm nichtswürdig gedankt. Heute sind wir des Englischen mächtiger, können kritischer nachhören und merken gleich: Der Jammer waren die verbalen Botschaften – die

uralten Frauenbilder zwischen Kinderblick und Machomaß-
stab.

Verniedlicht wurde flächendeckend. Durch jeden dritten
Song huschte ein namenloses »babe« oder »baby« oder
»girl«. Ungezählt die angehimmelten »darlings«, »angels«, »mamas«, »dolls« und »queens«. Eher selten, dass
Liedpoeten mal ein individuelles Portrait, die Skizze eines
Frauencharakters versuchten. Großmeister Bob Dylan hat stilvoll »Hattie Carroll« vorgestellt, »Hazel« bedichtet, zwei
»Angelinas« mystisch verhüllt und »Isis« umkreist – und
im Song »Is Your Love in Vain?« fragt der Liebhaber alter
Schule: »Can you cook and sew, make flowers grow?« Anleh-
nungsbedürftig schluchzt er: »Do you understand my pain?«

Die LP »Aftermath« von den Rolling Stones gilt als Mark-
stein der Rockmusik. Sie ist zugleich in einigen Songs ein flam-
mendes Manifest von Weiberhassern. »Stupid Girl« geißelt
Gier und Hirn eines natürlich doofen Mädchens. »High and
Dry« – die zynische Abrechnung des verlassenen Männertyps.
»Under My Thumb«, »Out of Time«, »Think« – er sucht
unverhohlen Macht über sie, nimmt amüsiert Rache. »Lady
Jane« oder »Mother's Little Helper« müssen versehentlich
auf das Album gerutscht sein, denn in solchen Liedern kommen empfindsames Liebeswerben und soziale Anteilnahme
zum Zug. Im Gesamtwerk aber hat das Duo Jagger/Richards
– exzellent rockend – die Objekte seiner Begierde mehr er-
niedrigt als geschätzt und beschenkt. Dabei heißt es doch,
Rockmusik solle überwinden, was kaputtmacht. Wie geht das,
wenn man knüppeldick von Unterdrückung phantasiert?

Eine tückische Form der Frauenverachtung war die Vari-
ante »Ich hätte ja lieber meine Ruhe vor dir – was treibst du

dich auch nur so rücksichtslos erregend in meinem Blickfeld und meinen Gefühlen herum?!«. Sozialpsychologen nennen das Verantwortungsumkehr oder »victim blaming«. Eben das verübten die Unschuldslämmer Gary Puckett & The Union Gap mit melodischem Schwung und kommerziellem Erfolg. Die ersten Zeilen in ihrem »Young Girl« sind Indiz genug:

Young girl,
Get out of my mind
My love for you is way out of line
Better run, girl,
You're much too young, girl.

With all the charms of a woman
You've kept the secret of your youth
You led me to believe, you're old enough
To give me love
And now it hurts to know the truth.

[...]

Selbst die Herren Musikkritiker kümmerten sich damals kaum einmal um herabsetzende Geschlechterrollen – steinzeitliche Prägungen saßen bequem. Und die Bewegung »Women's Lib(eration)« war auch in ihrer Zielgruppe alles andere als eine Selbstläuferin. Wenn ein Mick Jagger sich ausließ, waren nun mal erhebliche nonverbale Schwingungen im Spiel, die Abfälliges überspielten. Wie sang Jagger schon 1965: »(It's) The Singer Not the Song«.

Die erste starke Frauenquote

Beide Geschlechter Seite an Seite: Was heuchelnd oder ehrlich, jedenfalls immergrün herbeigesungen wird, hatte nach 1960 zunehmend personelle Folgen an den Mikrofonen. Bis dahin war Populärmusik Männer- oder Frauensache. Die Weavers stachen mit ihrem weiblichen Viertel – Ronnie Gilbert – schon in den 1950ern heraus: Pete Seegers phänomenale Truppe sang nah am (Welt-)Folk und erreichte in den USA Beliebtheitsgrade, die später erst die Beatles übertrafen.

In den Sixties änderte sich das. Lynne Tailor von den Rooftop Singers flirtete spürbar mit Blues und Jazz, der einzige Hit des Folk-Trios geht bis heute ins Ohr: »Walk Right in«. Peter, Paul & Mary schwangen entschieden das Banner der Solidarität. Ihr wehendes blondes Haar, ihr kehliger Sopran machten Mary Travers so sehr zum Mittelpunkt, dass die zwei Begleiter ihr meist zugewandt standen und filigrane Harmonien beisteuerten. Mindestens ebenbürtige, feste Frauenstimmen prägten nun auch ein paar Erfolgsduos: Tina Turner hielt es eine ganze Weile neben ihrem tyrannischen Ike aus. Cher komplettierte Sonnys Gesang aufs Schönste – oder war es umgekehrt?

Dann aber, Ende 1965, erklingt »California Dreamin'«. Vierstimmig – und die halbe Band ist weiblich! Gleich in ihrem Debüt bezaubern The Mamas & The Papas mit Kabinettstückchen, die die Popgemeinde so noch nicht gehört hat – und bestimmt nicht von einer gemischten Formation. Cass Elliot, Michelle Phillips, ihr Ehemann John und Denny Doherty rufen vokale Schwebezustände hervor. Näher beisammen können unterschiedliche Stimmen nicht harmonieren. Effektvoll setzt das Quartett Töne und Gegentöne und individuelle Akzente. John hat die Einfälle, Denny die maskuline Stimme, während Michelle jugendliche Schönheit ausstrahlt und Cass das eigentliche Drehmoment bildet. Das ist fast wörtlich zu nehmen, denn »Mama Cass« singt nicht nur. Ihr ganzer Körper federt und hüpft, wiegt und dehnt sich. Bodenlang wallt das Gewand dieser »queen of hippie hearts«. Künstliche Posen, aufwändige Frisuren lässt sie sich so wenig verordnen wie ihre Partnerin, die meist in Jeans und Bluse erscheint.

Nicht grundlos übernimmt Cass Elliot den Solopart in »Words of Love« – eine Breitseite gegen die altbekannten Maschen der Männer. Mit unverhohlener Power macht sie klar, dass Taten wertvoller sind als Süßholzgeraspel. Verfasst hat die Zeilen John Phillips:

Words of love, so soft and tender
Won't win a girl's heart anymore
If you love her then you must send her
Somewhere where she's never been before
Worn out phrases and longin' gazes
Won't get you where you want to go, no
Words of love, soft and tender
Won't win her

Emanzipatorisch gelingt hier ein Teilfortschritt, nicht weniger und auch noch nicht mehr. Denn immer noch hat ja der Mann die Oberhand, die Frau bleibt passiv und will gewonnen werden ... »Monday, Monday« ist klanglich und geschäftlich der zweite große Wurf der vier. Überall schlägt ihr poetischer Sound Wellen – und nach zweieinhalb Jahren kommt nichts mehr. Die Hoffnung, dass die Gruppe weiter mit Beatles, Beach Boys, Byrds die Klingen kreuzt, wird enttäuscht. The Mamas & The Papas zerbröckeln, weil dasselbe freie Lebensgefühl, das sie in ihrer Musik verherrlichen, ins Chaos führt. Am Ende verheddert die Band sich heillos in Liebsaffairen – auch überkreuz in den eigenen Reihen. Alkohol und hochdosierte Pillen besorgen den Rest.

Die köstlichsten Verhörer

November 1966. Paul McCartney hat in Kenia ein paar Tage Safari gemacht, sich von einer nervenaufreibenden Beatles-Tournee in den USA erholt – die letzte der Band. Mit Freundin Jane Asher und Mal Evans, dem vierschrötigen Tourmanager, ist er auf dem Linienflug zurück nach London. Es gibt Essen – und hier beginnen einige sich ähnelnde Geschichten über den ulkigen Anstoß zu einem großen Album. Auf dem Serviertablett im Flieger liegen die Tütchen mit dem S und dem P. Kumpel Mal bittet Paul um salt and pepper, Paul versteht aber Sergeant Pepper. Ein lustiger Verhörer, doch am Ende wird daraus der Titel eines Meisterwerks. Noch im selben Monat beginnt die Arbeit an »Sergeant Pepper's Lonely Hearts Club Band«. Die kleine Gewürzeverwandlung hat Paul auf die Idee gebracht, die Namen und Identitäten der vom Dauerrummel erschöpften Beatles gegen eine Armeekapelle zu tauschen. Sie wollen endgültig raus aus dem naiven Pilzkopf-Image und schlüpfen in die Rolle einer psychedelisch angefixten amerikanischen Militärkapelle, ihr frei erfundener Dirigent ist Sergeant Pepper.

Aber auch das Beatles-Publikum missversteht so einiges. Zwei Online-Archive quellen über von Textstellen, die Hörerinnen und Hörer in den falschen Hals bekommen haben. Allein der Refrain von Lennon/McCartneys »Paperback Writer« hat einen langen Reigen prächtiger Irrtümer ausgelöst: »Paperback Rider/ Pay for that Chrysler/ Face the bad rider/ Isn't that right, sir?/ Take the back right turn«.

Tröstlich an diesen Empfangsstörungen: Sie sind offenbar samt und sonders englischen Muttersprachlern unterlaufen – häufig wohl beim allerersten Hinhören, noch ohne Textblatt vor Augen. Genauso wie wir kommen sie einfach nicht immer korrekt mit. Oder tun zumindest so. Da ergeben sich manchmal richtig fantasievolle Abweichungen. Eine Auswahl:

The Who – »Baba O'Riley«
gesungen: teenage wasteland
gehört: Chinese waitress

Bruce Springsteen – »Hungry Heart«
gesungen: we took what we had and we ripped it apart
gehört: we took what we had and we lived in a barn

Queen – »Bohemian Rhapsody«
gesungen: spare him his life from his monstrosity
gehört: sparing his life from these warm sausages

Led Zeppelin – »Stairway to Heaven«
gesungen: and the forest will echo with laughter
gehört: and the florist will anger with laughter

The Mamas & The Papas – »California Dreamin'«
gesungen: the preacher likes the cold
gehört: the preacher lights the coals

David Bowie – »Blue Jean«
gesungen: one day I'm gonna write a poem in a letter
gehört: today I met a boy named Maletta

ABBA – »Dancing Queen«
gesungen: feel the beat from the tambourine, oh yeah
gehört: feel the beat from the tangerine , oh yeah

AC/DC – »Dirty Deeds Done Dirt Cheap«
gesungen: dirty deeds and they've done dirt cheap
gehört: thirty thieves and a thunder Jeep

Genesis – »Anything She Does«
gesungen: you decorate the garage walls
gehört: you take her in the carriage wars

The Rolling Stones – »Angie«
gesungen: Angie, Angie
gehört: I ain't Jay, I ain't Jay/ I lay in jail, I lay in jail/ Engine,
Engine/ Injured, I lay injured

Joe Cocker – »Space Captain«
gesungen: this lovely planet caught my eye
gehört: this lonely planet caught my eye

Dieses Missverständnis passierte dem Verlagsgründer Tony Wheeler, während er einen Obertitel für seine 1973 neuen Reiseführer suchte. Den Ausdruck »lonely planet« fand der Radiohörer so wohlklingend, dass die baldige Bibel für Rucksacktouristen genau diesen Namen erhielt.

Creedence Clearwater Revival – »Bad Moon Rising«
gesungen: Don't go around tonight/ Well it's bound to take your life/ There's a bad moon on the rise
gehört: Don't come around tonight/ It's bound to take all night/ There's a bathroom on the right

CCR-Sänger John Fogerty war auf der Konzertbühne so humorig, das falsch verstandene Liedstück wörtlich zu übernehmen. Die gleiche Selbstironie hat Kollege Hendrix bei der folgenden Hörpanne gezeigt:

Jimi Hendrix – »Purple Haze«
gesungen: 'scuse me while I kiss the sky
gehört: 'scuse me while I kiss this guy

Der fatalste Jux eines Hörfunk-Moderators

Abgesehen vom politischen Schalten und Walten, was hat da wohl am wirksamsten an der unseligen deutschen Mauer geruckelt: Brieffreundschaften wie die zwischen einem Jungen in Karl-Marx-Stadt und mir? All die persönlichen Begegnungen trotz amtlicher Schikane? Beharrlich unterwandernde Dichtkunst? Eine weitere Spur führt mitten in die Freizeit jugendlicher Ostdeutscher und zu dem Phänomen, das der Staatsratsvorsitzende Walter Ulbricht einmal grob gerügt hat. Ende 1965 verlautbart er gemütlich sächselnd und ansatzweise auf Englisch: »Ist es denn wirklich so, dass wir jeden Dreck, der vom Westen kommt, nu kopieren müssen? Ich denke, Genossen, mit der Monotonie des Je-Je-Je und wie das alles heißt, ja, sollte man doch Schluss machen.« Und genau das geschieht: Beatmusik aus dem Westen kommt auf den Index.

Die DDR-Jugend hörte, spielte, tanzte westliche Rhythmen vielleicht noch leidenschatlicher als die Fans auf der anderen Seite. Denn Systemfeind-Musik wurde von hoch oben bewertet, verurteilt, verboten – und allein das steigerte schon den Reiz des Gehörten. Noch 1964 war Platz für ein entspanntes Pfingstfestival in Ostberliner Straßenzügen, die sich in Tanzstraßen verwandeln durften. Hully Gully, Jazz, Beat auf Bühnen, Rock aus Kofferrradios vergnügte Hunderttausende – viele westliche Jugendliche waren mittendrin. Doch anstatt solche Strömungen klug zu fördern – sozialistisch bewegten Rock gab es nämlich auch – , überreagierten die Genossen in panischer Angst vor bösen Botschaften aus der falschen Windrichtung. Ulbrichts diffamierende Töne, das Verbot importierter Beatmusik waren die Folge. Als Inbegriff von Dekadenz galten den älteren Herren an der Spitze die Rolling Stones. Was wiederum den Radiomachern in West-Berlin wohlbekannt war, erst recht den Plattenauflegern beim RIAS (Rundfunk Im Amerikanischen Sektor) – einem heimlichen Lieblingskanal im Osten.

Mitte September 1969 läuft ein Stones-Konzert in der West-Berliner Waldbühne aus dem Ruder. Wüste Randale. Tage später, die Stimmung ist noch aufgeheizt und auch jenseits der Mauer spürbar, meldet der RIAS-Moderator Kai Bloemer eine Sensation: Demnächst Auftritt der Rolling Stones oben auf dem Springer-Verlagshochhaus! Extra in Sicht- und Hörweite für die Fans im Osten! Und das just am 7. Oktober, dem 20. Jahrestag der Deutschen Demokratischen Republik. Die Nachricht macht sich selbstständig bis in die hintersten Landeswinkel zwischen Ostsee und Erzgebirge. Flugblätter kursieren. Hunderte, nach anderen Berichten ein paar Tausend junge Leute kommen am Nachmittag des 7. Oktober bis dicht an die Mauer, die Blicke erwartungsvoll auf ein bestimmtes Dach gerichtet. Gerangel mit einem Großaufgebot der Volkspolizei, dann Langeweile, schließlich die Erkenntnis: Kein Konzert auf dem Dach. Dafür eine üble Zugabe der Staatsgewalt. Wohl mehr als 300 Jugendliche müssen auf Lastwagen steigen und werden in Haftzellen verbracht – wegen »Gefährdung der öffentlichen Sicherheit und Ordnung«. In der Nacht Verhöre und zwangsweise geschnittene Haare, am nächsten Morgen werden die meisten Stones-Fans entlassen. Einige kommen für Wochen ins Gefängnis Berlin-Rummelsburg.

In seiner Radiosendung hatte der Moderator nachgeschoben, die Ankündigung mit den Stones sei bloß ein Scherz. Aber da breitete sich das Lauffeuer schon aus, und einmal die Stones zu sehen war so schön, dass es wahr sein *musste*.

Den Vietnamkrieg begrüßt und Woodstock ermöglicht

Natürlich haben ihn die Sturzbäche nicht gefreut, die an diesem Wochenende niederprasselten. Draußen auf seinen Wiesen und Feldern war ja ein Konzert im Gang, und das bunte Publikum versank bald im Schlamm. Fast 1000 Tennisplätze groß war die Fläche insgesamt, die Max Yasgur für die Woodstock Music & Art Fair vermietet hatte. Ein Treffpunkt für ursprünglich 50.000 Hippies sowie für eine stolze Reihe von Rockstars und solche, die es werden sollten. Auch ein Meer an Campingzelten, Wohnwagen, Autos war eingeplant. Nach zwei harschen Absagen in der Umgebung hatte Yasgurs Erdboden die jungen Veranstalter gerettet. Schon auf dem Papier war ihr Projekt kolossal – tatsächlich strömten dann fast eine halbe Million Fans auf das Gelände. Es lag im Bundesstaat New York, freilich nicht in der Ortschaft Woodstock, sondern 50 Meilen entfernt in Bethel. Woodstock blieb nur im Titel der Veranstaltung erhalten, ein Name, der noch in der frühen Hoffnung gewählt worden war, man könne dieses Städtchen – Bob Dylans Wohnort – als Schauplatz gewinnen.

Verregnet und total überfüllt ging es also zu. Von den Klokabinen kam beißender Gestank, die Tontechnik wackelte, Verkehrs-Chaos rundum. Dennoch wurden diese Tage im August 1969 das vielleicht größte friedliche Ereignis des 20. Jahrhunderts. Sein knorriger Wegbereiter und kompromissloser Fürsprecher war Max Yasgur. Kräftig gerahmte Brille, hohe Stirn, kurz und angegraut das schwarze Haar – ein Sturkopf, wenn es um seine Ziele und Überzeugungen ging. 49 Jahre alt war der Pfeifenraucher damals, der nie das Kraut angerührt hätte, das viele Konzertgänger inhalierten.

Den Mietvertrag schloss der Farmer mit einer guten Portion Eigennutz ab. In dem nassen Sommer war Heu knapp geworden. Um für seine 650 Milchkühe Tausende Ballen zu kaufen, kam ihm die zusätzliche Einnahme wie gerufen: Dem Vernehmen nach 50.000 Dollar (heute wäre das rund sieben Mal so viel) plus 75.000 Dollar Kaution für mögliche Schäden. Außerdem muss man wissen: Politisch war der Mann – wie später bekannt wurde – ein konservativer Republikaner, der den Vietnamkrieg durchaus billigte. Umso imposanter, wie entschieden er die Sache der jungen Leute verteidigte.

Am Telefon bekam der Vermieter neben einiger Zustimmung auch Anfeindungen zu hören, Drohungen gar, seine Farm abzufackeln. In den Straßen von Bethel war die Opposition nicht zu übersehen. »Local People Speak Out Stop Max' Hippie Festival«, stand auf Protestschildern. Aufrufe wie »Buy No Milk« wollten Yasgur existenziell treffen. Doch er hielt zu den Blumenkindern, trat vor ein Gremium des Stadtrats und erklärte: »I'm not going to let you throw them out of our town just because you don't like their dress or their hair or the way they live or what they believe. This is America and they are going to have their festival.«

Er war kein großspuriger Weltverbesserer, eher schon trieb ihn der Wunsch um, dass ein Fest wie Woodstock die Kluft zwischen den Generationen ein Stück verringern möge. Und auf bestimmte Maßstäbe ließ er nichts kommen. Als Nachbarn während des Open Air Leitungswasser verkauften, stellte er grimmig eine Tafel an eine Zufahrtstraße: »Free Water«. Ein Reporter notierte, wie der Rinderhalter mit harter Faust auf einen Tisch schlug und sich empörte: »How can anyone ask money for water?« Auch einen Teil des verfügbaren Joghurts verschenkte er.

Am dritten Tag des großen Auftriebs tritt Max Yasgur kurz ans Mikrofon. Gerade strahlt die Sonne, unüberschaubar die Menschenmenge, die er mit dem Peace-Zeichen grüßt. »The important thing that you've proven to the world«, sagt der Gastgeber, »is that a half a million kids – and I call you kids because I have children that are older than you – a half a million young people can get together and have three days of fun and music.«

Nach dem Festival, das sein Grundstück sanftmütig verwüstet und auch Nachbarfarmen beschädigt zurücklässt, wenden sich viele Einheimische vom Freund der Friedliebenden ab. Im örtlichen Drugstore will man ihn nicht mehr sehen. 1971 verkauft der Außenseiter sein Anwesen und zieht nach Florida. Dort hilft er Jugendlichen, die von zu Hause ausgerissen sind. Schon 1973 stirbt Max Yasgur an einem Herzschlag, unverbittert und mit sich im Reinen. Es hat ihn nie gereut, dass er dem Woodstock-Festival zum Spielfeld verhalf. Der Flecken Land steht heute unter Denkmalschutz.

Das originellste Zwischenspiel

Die Zeit nach Woodstock konnte den friedseligsten Hippie mürbe machen. Rechts und links vom schönen Trampelpfad gewaltloser Eintracht schlug es unerbittlich ein. Schon im Dezember 1969 das Fiasko beim Rolling-Stones-Konzert auf einer Rennbahn im kalifornischen Altamont. Die Band hat ausgerechnet Hells Angels als Ordner verpflichtet, die sich betrinken und grundlos auf Besucher eindreschen. Direkt vor der Bühne erstechen sie einen 18-jährigen Schwarzen, die Stones spielen rat- und hilflos weiter. Anfang Mai 1970 erschießen Nationalgardisten in Ohio vier unbewaffnete Studenten der Kent State University. Auf dem Campus hatten junge Leute gegen den Beschluss einer US-Invasion in Kambodscha demonstriert, weil dieses Manöver den Vietnamkrieg nur verschärfen würde. Crosby, Stills, Nash & Young erwidern den vierfachen politischen Mord schon Tage später mit einem Protestlied: »Ohio«. Wichtige andere Pop-Künstler sind nicht mehr da, um Ereignisse und Stimmungen aufzugreifen, zu kontern, darüber hinwegzutrösten. Im Februar haben sich Simon & Garfunkel einsilbig getrennt, seit April gehen die vier Beatles eigene Wege. Monat um Monat vergeht und nichts in Hörweite, das die Steppe so begrünt, wie diese Musiker es vermochten. Im September stirbt auch noch Jimi Hendrix, sein Gemisch aus Alkohol und Schlafpillen ist diesmal tödlich.

Erquickung bringt unverhofft eine einzelne Note, ein Glissando auf dem E-Bass. Der Ton rutscht in ein getragenes Intro aus Klavier und Querflöte hinein. Was folgt, schlägt nicht nur mich in den Bann: »Nothing Rhymed« von und mit Gilbert O'Sullivan. Es ist Herbst 1970, und in meiner Klasse bin ich der Erste, der den einnehmenden Gesang des Neulings im holländischen Radio Hilversum aufschnappt, ein vorwitziger öffentlicher Kanal. Meine mündliche Eilmeldung: »Der kann was! Anhören, Leute!«

Vielfach gereimt ist »Nothing Rhymed« formal schon, inhaltlich dagegen geht es um eine Collage aus Szenen und Bruchstücken, die ein Grundgefühl verbindet: Krise, Vergeblichkeit, kein Sinnangebot nirgends. Das Song-Ich, wohl eine unsichere Künstlernatur, ein vernachlässigter Sohn, sucht immer noch mütterliche Anerkennung. Noch nicht ganz abgestumpft von Warenkonsum und Nachrichten-Irrsinn, hockt er vor der Flimmerkiste, die ihn gleichfalls im Stich lässt: »When I'm drinking my Bonaparte shandy/ Eating more than enough apple pies/ Will I glance at my screen/ And see real human beings/ Starve to death right in front of my eyes.« Im Refrain hat der Arrangeur überdekoriert, doch die samtige Stimmfarbe trägt – irgendwo zwischen Elton John, McCartney und Feliciano. Dieser Debütant, so viel kommt herüber, hat etwas von der Ratlosigkeit jener, die vor kurzem noch im Optimismus der Popkultur schwebten. »Nothing Rhymed« macht Hoffnung auf einen musikalisch-poetischen Neuaufbruch.

Gilbert O'Sullivans versponnener Hang zur Wehmut reicht bis in die Optik. Seine kauzige Kluft: Hochwasser-Hose, knappe Weste, Schiebermütze in Übergröße. Darunter eine grausliche Puddingschüssel-Frisur. Der irischstämmige Engländer kommt wie ein Dubliner Schulbub aus den 1930ern daher, wie ein Chaplin-Wiedergänger. Zum Spielen nimmt er nicht dessen Gehstöckchen, sondern Silben und Worte, die er surreal kombiniert und über Zeilen springen lässt. Hin und wieder Genuschel, das sogar Miss Lonnecker, unsere amerikanische Gastlehrerin, sprachlich überfordert, aber gut zum Eigensinn des Sonderlings passt. Nach dem resignativen Anfang zieht er auch humoreske, sozialkritische, tempogeladene Register, bestens vereint auf »Himself«, seinem LP-Erstling.

Dann dämmert mir, dass alles bloß ein Zwischenspiel ist. Ein Foto macht mich stutzig. Kein Schelm im Retro-Look ist da zu sehen, sondern eher ein Schönling im schicken Collegepulli, auf dem ein riesiges »G« prangt. Das zuvor spartanische Stopppelhaar geht schon bis knapp über die Ohren, dazwischen ein Strahlemann-Gesicht ohne hintersinniges Zwinkern. Der Anflug von verschmitztem Tramp oder verfrühtem Punk löst sich in auftoupierten und gebräunten Posterboy-Posen auf.

Dem Singer-Songwriter und Pianisten glückt noch ein bezwingendes Lied, das sechs Wochen in Folge Platz eins in den USA belegt: »Alone Again (Naturally)«, die Kurzgeschichte eines Verzweifelnden. Etwas später das routiniert rockende »Get Down« – danach geht der Hoffnungsträger in den Sinkflug über. Der Rest seines Werks ist läppisch, flach, austauschbar. Gilbert O. verschwindet aus dem oberen Drittel der Charts, die er so originell bereichert hat.

Was ihn schließlich teilweise entschuldigte: Künstler bringen selten länger als ein paar Jahre Qualität hervor. Und kein erwachsener Mensch kann auf Dauer Hochwasser-Hosen tragen.

Mal ganz was anderes

Abwechslung würzt das Leben am Esstisch, im Bett und in Gesprächsrunden. Wer mag schon immer dasselbe Einerlei! Und man glaubt es kaum: Zuweilen fällt auch den Songtextern etwas anderes ein als love, love, love and peace and understanding. Einige dankenswerte Themenwechsel:

»City of New Orleans«, Steve Goodmans Protestsong, wendet sich gegen die Stilllegung von zwei Dritteln der amerikanischen Fernzüge 1971. Der Zug City of New Orleans war bis dahin für die einfache Bevölkerung aus den Südstaaten die preisgünstigste Möglichkeit, in den reichen Norden, nach Chicago zu fahren. »But all the towns and people seem/ To fade into a bad dream ... This train has got the disappearing railroad blues.« Goodman selbst kam damit nicht einmal in die US-Top 100, Arlo Guthrie dagegen auf Platz 18, und Rudi Carrell hat den Song verschlagert (»Wann wird's mal wieder richtig Sommer?«).

»Hitchin' a Ride«: »I've got no fare to ride a train/ I'm nearly drownin' in the pourin' rain« – auch hier geht es um das Weiterkommen auf Rädern, freilich als Gratis-Beifahrer und auf Asphalt. Wichtigstes Signal: Ein hochgestreckter Daumen. Die Gruppe Vanity Fare hat 1969 allen Trampern einen internationalen Hit geschenkt.

»Vincent«: Don McLeans ausdrucksstarke Verbeugung vor Vincent van Goghs Leben und Werk. Wie der Sänger die Landschaftsbilder des holländischen Impressionisten streift, das lohnt einen Übersetzungsversuch: »Flaming flowers that brightly blaze/ Swirling clouds in violet haze/ Reflect in Vincent's eyes of china blue«.

»Man at the Moon«: Bo Hanssons instrumentales Solo-Album unter dem Eindruck der ersten Mondlandung 1969. Er nähert sich dem Erdtrabanten mit rockigem Jazz beziehungsweise jazzigem Rock und O-Tönen aus dem Funkverkehr mit Neil Armstrong.

»Down by the River«: Von manchen Songs, die genauso heißen, ist dies der einzige ökologische, 1972 von Albert Hammond geschrieben und gesungen. Als einer der Ersten seiner Zunft beklagt er Umweltvernichtung – hier vergiftetes Flusswasser: »In time, the river banks will die/ The reeds will wilt and the ducks won't fly/ There'll be a tear in the otter's eye/ Down by the river.«

»I Don't Eat Animals«: Melanie bekennt sich 1970 zur vegetarischen bis veganen Ernährung aus moralischen Gründen. Vom Tier kommt bei ihr nur Käse auf den Tisch, ansonsten: »I'll live on vegetables and I grow on seeds/ But I don't eat animals and they don't eat me.«

»So Long, Frank Lloyd Wright«: Ein Andenken an den amerikanischen Architekten, der mit seinen Bauten Ruhe und Einfachheit vermitteln wollte? Genau besehen ist der Song die verkappte Aufkündigung der Zusammenarbeit von Simon & Garfunkel. Selbst unterschwellig wird so etwas ja selten per Liedtext mitgeteilt. Absender ist hier Paul, Adressat sein Gesangpartner, der frühere Architektur-Student Art. Während der Arbeit am Album »Bridge over Troubled Water« lässt er Paul Simon zeitweise allein im New Yorker Studio zurück, um in Mexiko für einen Film zu schauspielern. Der frustrierte Simon sieht bereits seine eigene Solo-Laufbahn kommen und dichtet: »I can't believe your song is gone so soon/ .../ Architects may come and architects may go.« Ganz am Ende der Aufnahme ruft Arrangeur Roy Halee ahnungsvoll: »So long already, Artie!«

»Old Brown Dog«: Keinesfalls der einzige Song, der dem ältesten Haustier freundlich gesinnt ist. Was Ralph McTells Lied anders macht: Es wendet sich einem alten, kranken, verlassenen Hund zu, den die Zweibeiner nur noch schnell loswerden wollen, mit Strick und Gewehr.

»This Song«: George Harrisons ironischer Kommentar auf die Plagiatsvorwürfe, die ihn mit »My Sweet Lord« vor Gericht brachten. Bright Tunes Music hieß das Unternehmen, das ihn verklagte – daher die Zeile: »This song has nothing bright about it.« Obacht: Das Eigenschaftswort bedeutet »hell«, und zwar auch »hell im Kopf«.

Der jüngste Hit-Autor

»Oooo, what a lucky man he was ...« Langsam und unaufgeregt singt Greg Lake 1970 von einem Glückspilz, der alles hatte: Reichtum und Frauen, Pferde und vergoldete Matratzen. Ein vom Volk verehrter Königstreuer, stets kampfbereit – bis zur tödlichen Kugel in einem Krieg. Es sind die Phantasien eines Knaben. Greg Lake war nach eigener Auskunft ganze zwölf, als er das Lied »Lucky Man« schrieb, das elf Jahre später populär werden sollte. Seine Mum im englischen Poole hatte ihm gerade erst eine gebrauchte Gitarre geschenkt, und die Familie wohnte weiß Gott nicht fürstlich: Ein kleines Fertighaus mit asbestverseuchten Wänden und wenig Schutz vor kalten Wintern. Notiert hat das Kind damals nichts von seinem Einfall, sondern die Abfolge von vier Anfänger-Akkorden in einer inneren Schatulle bewahrt. Bei der Einspielung dann hat Lake sich in mächtigen Klanglabyrinthen würdig behauptet – sein Frühwerk wird die erfolgreichste Nummer auf dem Debüt-Album des Prog-Rock-Trios Emerson, Lake & Palmer. Der herangereifte 23-jährige Greg ist da ein inspirierter Gitarrist auf der Akustischen, der es am Ende seines »Lucky Man« mit einem wogenden Synthesizer aufnimmt. Keyboarder Keith Emerson entlockt seinem Instrument ein elegisch davonfliegendes Finale.

Der verbockte Weltruhm

Gelb spielt ins Grün hinüber und Grün ins Rötliche. Wie eine Mangoschale verlockt dieser Cocktail, dazu ein Klecks Pink. Man schlürft einen Schluck und fühlt: Die Mischung stimmt – gute Wahl! »Sugar Man« war ein Song wie ein süffiger Drink aus zartbitteren Zutaten, die um 1970 eigentlich überall ankamen. Psychedelischer Folk-Rock. Wieso nur hat dieser gehobene Stimmungsverdunkler den großen Erfolg bei den Hörern zunächst verpasst? Antwort: Weil Autor und Sänger Sixto Diaz Rodriguez mit »Sugar Man« eine Menge Glücks-

und Reinfälle erlebte. Auf hochfliegende Hoffnungen folgte stets eine betonharte Landung.

Sixtos Eltern sind arm. Er wächst auf im mexikanischen Ghetto von Detroit. Highschool ohne Abschluss, Jobs in Autofabriken. Und eine akustische Gitarre. Damit tritt er in kleinen Clubs und Bars auf, findet eine Plattenfirma. 1968 die erste Single, von der keine zehn Stück verkauft werden. Die Musikfirma geht Pleite, Sixtos Frau verlässt ihn, mit 26 muss er zwei kleine Kinder allein erziehen. Der Latino jobt und tingelt weiter, kommt bei einem neuen Label unter. »Cold Fact«, seine Debüt-LP, erscheint und alle Mitwirkenden sind sicher: Die hat Zugkraft! Doch niemand rührt die Werbetrommel, in den USA und Europa flopt das Album völlig. 400 Exemplare von »Cold Fact« gelangen nach Australien und Südafrika – immerhin. Eine Scheibe fällt einem Londoner Produzenten in die Hände, der den Nobody zu Aufnahmen an die Themse einlädt. Dort entsteht im Sommer 1970 seine zweite Langspielplatte, und erneut glaubt die Mannschaft im Studio fest an einen Markterfolg zwischen London und Detroit. Als auch dieser Versuch scheitert, legt Sixto die Gitarre weg, wird Bauarbeiter und Tankwart, um die Familie durchzubringen. Er engagiert sich für diskriminierte Minderheiten, holt den Highschool-Abschluss nach, studiert Philosophie bis zum Bachelor. All das neben seinen Jobs, zumeist harter körperlicher Arbeit.

Dann dieser Anruf vom anderen Ende der Welt: Ob Sixto gern eine Tournee durch Australien machen würde, fragt ein Veranstalter. So viel Publikum ausgerechnet da? Wie das? Ein Radiomoderator aus Sydney hat öfter Songs von »Cold Fact« gespielt, und es gibt in Australien sogar ein »Best-of-Rodriguez«-Album. Der völlig verdutzte Musiker und Malocher weiß von nichts, hat auch nie einen Cent Tantiemen bekommen. Als heiß erwarteter Künstler reist er samt Familie auf den fernen Erdteil. Vor seinem ersten Konzert erfasst ihn eine viertelstündige Zitterpartie, solange bleibt er mutlos im Taxi sitzen, traut sich dann doch auf die Bühne. 15 weitere ausverkaufte Auftritte in großen Häusern folgen – und endlich klingende Münze. 1981 die zweite Australien-Tournee, das Interesse lässt nach, Sixto kehrt zurück und arbeitet wieder auf dem Bau.

16 Jahre später das gleiche Spiel, das gleiche kleine Wunder in Südafrika. Im politisch fast ganz isolierten Apartheid-Staat hat der Singer-Songwriter aus Detroit ahnungslos eine Art Dylan-Status erworben. Zwei zähe Fans aus Kapstadt treiben ihn nach mühsamer Spurensuche auf. Sixto Diaz Rodriguez holt jetzt mit weit über 70 Lebensjahren einigen Ruhm nach. Jubel in Südafrika, bald Konzerte in allen möglichen Ländern und ein Dokumentarfilm, der einen Oscar gewinnt: »Searching for Sugar Man«. Im Drehbuch seines Lebens steht seitdem: Versöhnlicher Ausklang nach launischem Schicksal.

Der heilsamste Song

Je nach Gemütslage können Rock und Pop Wunder wirken, bisweilen so zuverlässig und befreiend, dass man bestimmte Hör-Erlebnisse auf Rezept bekommen sollte. Ich weiß, wovon ich schwärme. Ein Vorgesetzter ist wieder mal taub auf einem Ohr, verkennt meine genialsten Ideen. Gegen diese Schmach hat zu Hause schon »Down Down« von Status Quo geholfen, Knochenschüttler von einem Song, aber 1-a-Stimmungsaufheller. Einfach erholsam. Oder Wanda Jacksons »Let's Have a Party« – kann das länger vermisste Hochgefühl, doch noch geliebt zu werden, nur steigern. Oder Neil Youngs »Last Trip to Tulsa«. Mir selbst ist dieser Song ein Graus, der mein heftiges Aufstöhnen und Augenrollen zur Folge hat. Einen Säugling aber hat das Stück von schlimmer Qual erlöst, nachzulesen in Navid Kermanis Essay »Das Buch der von Neil Young Getöteten«.

Kermanis Tochter wird bald nach der Geburt von furchtbaren Bauchkrämpfen geplagt, wimmert, weint, schreit – regelmäßig abends gegen acht. Am vierten Tag der überaus schmerzhaften Blähungen hört der verzweifelte Vater auf eine Eingebung. Er legt die CD mit dem Song über die Fahrt nach Tulsa auf. Schon mit dem ersten Gitarrenakkord wird das Wehgeschrei leiser, und als der Young-Fan die wohltuende Behandlung wiederholt, vertreibt die Rockmusik die Krankheit. Das Kind kann schlafen und wird gesund.

Was für Wirkstoffe waren da nur im Spiel? Es geht um knapp zehn Minuten mit wenigen Akkorden, monoton abgegriffen. Meditative Strecken, schroffe Momente, einige Lautmalereien im Text. Hat die Kleine etwa Neil Youngs fistelige Stimme gemocht? Wahrlich ein sperriges Stück, für mich ohne jede beruhigende Qualität – doch was zählt in dem Fall schon mein Missbehagen.

Die unterbezahlteste Tour

Musikbosse und ihre Zuarbeiter haben spitze Ohren. Damit fahnden sie unablässig nach Erfolgsverdächtigen. Spitze Zungen wiederum erzählen: Sind die Richtigen gefunden, kommt nur noch Druck von oben – Zeitdruck sowieso. Wann endlich wird die neueste Produktion fertig? Ist schon das nächste Material da? 20 Konzerte in drei Wochen? Geht! Faustdick bekamen die Bluesrocker von Canned Heat zu spüren, wie gnadenlos ihr Manager sie von Auftritt zu Auftritt scheuchte. Kurz vor dem Woodstock-Festival ist die Band mit den Nerven am Ende. Gitarrist Henry »Sunflower« Vestine und Bassist Larry »The Mole« Taylor zoffen sich auf offener Bühne. Vestine steigt wütend aus, eilig wird Harvey Mandel engagiert – das Zusammenspiel ist noch anfällig. Die fünf Musiker liegen schlecht gelaunt in ihren Hotelzimmern. Drummer Adolfo »Fito« de la Para lehnt es rundheraus ab, nach Woodstock zu fahren und hat sich eingeschlossen. Was tut da ein Manager, wenige Stunden vor einem vereinbarten Auftritt, der viel Öffentlichkeit und Kasse verspricht? Skip Taylor fackelt nicht lange. Er besorgt sich einen Generalschlüssel zu den Zimmern, zieht dem Schlagzeuger eigenhändig Jeans und T-Shirt an und trägt ihn kurzerhand nach draußen. Auch den Rest der Band komplimentiert Taylor unerbittlich in einen Helikopter, der Canned Heat auf den letzten Drücker nach Woodstock fliegt. Es ist der zweite Tag der Veranstaltung, die Gruppe spielt bei Sonnenuntergang und wird gefeiert wie kaum eine andere. Ihr Song »Going up the

Country« steigt später zur inoffiziellen Woodstock-Hymne auf.

Beinah spiegelbildlich verläuft Joe Cockers Konzert-Tortur. Er kommt nach Woodstock mit dem Rückenwind seiner ersten britischen Nummer eins: »With a Little Help from My Friends«, einer herzzerreißenden Version des Beatles-Stücks. Auch »Let's Go Get Stoned«, Copyright Bob Dylan, begeistert die Menge. Weitere Konzerte und TV-Auftritte unmittelbar nach Woodstock machen den Newcomer beliebt und todmüde. Am 11. März 1970 landet Cocker in Los Angeles. Abgekämpft hat er seine Band schon aufgelöst und will nur noch eins – ausruhen. Da pocht sein Manager Dee Anthony schonungslos auf einen Vertrag, der bereits länger gilt: In acht Tagen beginnt eine Sieben-Wochen-Tour durch 48 Städte der USA. Wenn Cocker absagt, so sein Betreuer und Vermarkter, kann er das Land mit der jungen Massenkundschaft für immer vergessen. Der gelernte Klempner aus Sheffield stimmt ausgelaugt zu.

Die ahnugsvoll besungene »help from my friends« kommt vor allem von Studioveteran Leon Russel, der eine bunte Begleitschar von 21 Musikern zusammentrommelt. Ihr rasch gefundenes Namen-Unikum: Mad Dogs & Englishmen. Praktisch aus dem Stand organisiert und im Chor noch aufgestockt mit Saufkumpanen, Groupies und sonstigen Gefährtinnen, gerät die Rundreise außer Rand und Band. Andererseits kommt es zu umjubelten, herrlich naiven Konzert-Exzessen, rauschhaften Bekenntnissen zum Rhythm & Blues. Unterwegs trinkt der neue Star hemmungslos gegen die Strapazen an, pumpt sich mit Drogen voll, verdreht Arme und Augen. Nach der zermürbenden Hetze von Stadt zu Stadt ist er ein Wrack. Seine

Gage markiert in der Branche ein einzigartiges Missverhältnis von totaler Verausgabung und materiellem Ertrag – ganze 862 Dollar. Das macht 18 Dollar pro Tourneestation. Auch die Techniker und Handlanger im Tross gucken tief in die Röhre: Kein Wunder bei so vielen Beteiligten auf so langer Strecke – und auch die Führungskräfte in Management und Plattenzentrale wollen ihren Teil. Wieder daheim im englischen Sheffield kann Joe Cocker kaum noch zusammenhängend reden.

Dylans schönster Schöngesang

Welchen Bob erleben wir denn heute oder morgen Abend? Das maliziös grinsende Teufelskerlchen? Den mürrisch vor sich hin Zupfenden? Kommt ein Spielmann mit episch langem Atem auf die Bühne? Ein Retter mit Draht zum Himmelstor? Wenn man von einem kargen »Hello« absieht, kann er ja auch geheimnisvoll schweigen, und vielleicht sehen wir ihn die meiste Zeit nur von hinten. Noch immer sind das Spekulationen, die den nimmermüde tourenden Dylan allabendlich vorauseilen. Dieser selbsterklärte *song and danceman* wechselt seine Rollen gern, und das schließt die Stimme mit ein. Sie bleibt sein mehr schnarrendes als schmelzendes Vermächtnis: Der Mann knarzt und krächzt, hat nah am Lungensanatorium gebaut, grummelt und hustet. Kritiker meinen solche Bemerkungen entweder gehässig oder begeistert. Hier unzumutbarer Vortragsstil, da bewusste Absage an kalkulierenden Liebreiz. Die Wenigsten hören heraus, dass Dylan seine Stimmbänder durchaus stilvoll biegt und wendet. Der wütende Beatnik Dylan gellt. Der Rocker sägt und röhrt, bis die Luft brennt. Der alte Erzähler – auch das eine Rolle – murmelt und quengelt vor sich hin. Einfach bloß kratzig, weil der Sänger es nicht besser konnte, das war Dylans Stimme nie. Je früher er einen seiner jetzt schon 500 Songs aufgenommen hat, desto variabler das Vokalisieren. Selbst schnulzigen Schöngesang hat der Fahrensmann geboten. Nasalen Country-&-Western-Twang beherrschte er in der Johnny Cash Show. Und eine ganze Reihe von Songs hat der vorgebliche Nicht-Sänger verhältnismäßig engelsgleich hinbekommen – man versuche sich selbst nur mal an der Melodie in »Valley Below« oder am zwei Oktaven umfassenden »All I Really Wanna Do«. Besonders einschmeichelnd hat er 1970 die unerwiderte Liebe zu einer gewissen »Pretty Saro« beklagt, die einer alten englischen Ballade entstammt. Da schmachtet und federt die Stimme, bewältigt auch knifflige Übergänge – fast kriegt man einen Kloß im Hals. Sechs oder sieben Mal hat der Meister das Lied eingespielt, auf ein Album gelangt es erst 2013. Eine Art Lichtgesang ziemlich hoch über allen Reibeisen. It ain't him? Yeah, it's him!

Der politischste Vierzeiler

Kann sich irgendwer dieser Melodie entziehen? Schlicht und geschmeidig geht sie ins Ohr, kommt aber zugleich erhaben und so kraftvoll daher, dass »Here's to You« auch als Marsch bezeichnet wird. Die nur acht Takte des Songs beginnen leise, wiederholen sich mit steigender Dynamik und schreiten am Ende hymnisch dahin. Wie ein Aufruf, ein entschiedenes Bekenntnis – soviel teilen allein schon die Klänge mit.

Ihr italienischer Komponist Ennio Morricone ist Kinokennern ein Begriff, seitdem er Italo-Western eindrückliche Soundtracks verlieh (»Spiel mir das Lied vom Tod«). Hinzu kam experimentierende Konzertmusik, die von der Kritik unterschätzt wurde, wie er fand. In gut drei Minuten zeigt »Here's to You« Morricones Musikalität in einer Form, die universell anspricht. Das wollte gewiss auch die Liedtexterin und Sängerin. Joan Baez kommt mit vier Zeilen aus, die sie acht Mal in Folge unverändert singt. Die Bedeutung erschließt sich freilich nicht von selbst:

Here's to you, Nicola and Bart.
Rest for ever here in our hearts.
The last and final moment is yours.
That agony is your triumph.

Ein gängiger Trinkspruch, zwei seltsame Namen, ein liebendes Gedenken an zwei Menschen, die angsterfüllt gestorben sind – und dieser Tod sichert ihnen einen bleibenden Sieg. So kurz, so schleierhaft die Aussage. Sie blättert ein dramatisches Kapitel der US-amerikanischen Rechtsgeschichte auf. Zwei italienische Einwanderer, Nicola Sacco und Bartolomeo Vanzetti, werden 1921 in Massachusetts schuldig gesprochen – sie sollen einen doppelten Raubmord mitverübt haben. Der eine Angeklagte ist Fabrikarbeiter, sein Gefährte ein kleiner

Fischhändler. Beide verbindet neben dem Heimatland ihre Armut und eine offen linksradikale Gesinnung. Beteuerungen ihrer Unschuld gehen nach der Festnahme mit Lügen einher. Verwirrende Indizien stoßen auf merklich voreingenommene Juristen. Endlos lange sechs Jahre nach dem Schuldspruch werden dennoch die Todesurteile verhängt und auf dem elektrischen Stuhl vollstreckt.

Von Anfang an regen sich Zweifel an der Unvoreingenommenheit des Gerichts. Solidarische Beobachter gewinnen bald den Eindruck, hier werde vor allem die politische Haltung der angeblichen Täter verhandelt. Sie seien einem Schauprozess ausgeliefert mit dem Ziel, Anarchisten und Bombenleger abzuschrecken. Hintergrund des Vorwurfs: Es herrscht eine »red scare« im Land, der vermeintlich gefährdete Staat verfolgt Kommunisten und auch jene, die man dafür hält. Der Unmut über Strafprozess und Todesurteil führt zu Demonstrationen rund um die Welt. Zum ersten Mal stehen die USA global am Pranger. Hunderttausende gehen vor allem in europäischen Großstädten auf die Straßen, um die Verurteilung zu ächten und die Hinrichtung abzuwenden. Amerikanische Waren werden boykottiert, Petitionen und Gnadengesuche eingereicht. Nobelpreisträger wie Einstein, Shaw, Curie und sogar der Papst schließen sich an. Vergeblich. Berufungen scheitern, Aufschübe laufen ab. Einem Journalisten sagt der 39 Jahre alte Bart Vanzetti noch, dass er im Angesicht des Todes Genugtuung empfinde: »Never in our full life could we hope to do such work for tolerance, for justice, for man's understanding of man as now we do by accident.« Dann folgen die Worte, die Joan Baez aufgreifen wird: »That last moment belongs to us – that agony is our triumph.«

»Here's to You« entsteht für die Schluss-Szene des einschlägigen Dokumentarthrillers »Sacco & Vanzetti«, der 1971 in die Kinos kommt. Der Streifen bezieht nicht nur plakativ Stellung gegen richterliche Willkür und für die Märtyrer aus der Arbeiterklasse. Er verschärft indirekt das Negativbild, das die USA zu der Zeit abgeben: Außenpolitisch mit dem Krieg in Vietnam, im Inneren mit der Diskriminierung der schwarzen Bevölkerung. Die Erinnerung an die zwei Kampfgenossen wird somit als Generalprotest gegen »God's own country« verstanden.

Am stärksten hat indes nicht der Film nachgewirkt, sondern sein Ausklang – die herrliche Musik, Joan Baez' strahlender Sopran, der traurig-stolze Vierzeiler. Nicht immer dem historischen Kontext folgend, hat man die Hymne vielfach neu aufgelegt. Die Alles-Verwerterin Nana Mouskouri trat in Frankreich mit einer pathetisch verkitschten Version auf. Agnetha Fältskog, der spätere ABBA-Star, widmete den Song auf Deutsch in ein braves »Geh mit Gott« um. Und auch die Verwendung in einem Action-Computerspiel dürfte Ennio Morricone ausdrücklich erlaubt haben.

Was das ursprüngliche Verbrechen anlangt, die Raubmorde, so ist die Schuldfrage nie zweifelsfrei geklärt worden. Ein deutlich politisches Zeichen setzte 1977 der Gouverneur von Massachusetts, Michael Doukakis, indem er Nicola Sacco und Bart Vanzetti vollauf rehabilitierte.

Der heißeste Vorlauf

Da – da – daa – da – da – da- daa – da – da – daa – da – daa.
Etwas Geschick an der Luftgitarre, guter Wille zur richtigen
Betonung und durchschnittliche Stimmgewalt – das reicht,
um das sagenhafte Riff vereinfacht nachzuhämmern. Da – da
– daa – da – da – da – daa – da – da – daa – da – daa. Genau
das ist sie, die brachiale Tonfolge, die Gitarrist Ritchie Blackmore gedroschen hat. Das stählerne Kernstück von Deep Pur-
ples »Smoke on the Water«. Rauch über dem Wasser? Also
brennt wohl irgendwo Feuer. Die fünf Musiker, eine weitere
Band und viele Fans hat es in Lebensgefahr gebracht.

Anfang Dezember 1971 sitzen die Hardrocker mitten in einem zweitausendköpfigen Publikum. Im Casino-Ballsaal von
Montreux geht eine Konzertreihe zu Ende. Frank Zappa und
seine Mothers Of Invention greifen noch einmal in die Vollen.
Da schreit Zappa »Fire!« ins Mikrofon – kein Stück Songtext etwa, sondern schockierender Ernst. Flammen schlagen
aus der Hallendecke, schon droht dichter Qualm die Atemluft
zu rauben. Der Sänger fängt sich rasch: »Calmly go towards
the exit, ladies and gentlemen!« Nur wurde dieser Ausgang
vor dem Konzert mit Ketten versperrt, weil immer mehr junge Zuschauer hineindrängten. Zappas Roadies schaffen einen
Fluchtweg, indem sie eine Lautsprecherbox durch das riesige
Fenster werfen. Alle werden ins Freie gerettet, während schwere Rauchwolken über den Genfersee ziehen und das großteils
hölzerne Casino völlig abbrennt. Brandursache: Ein Überge-
schnappter im Publikum hat aus einer Leuchtpistole gefeuert.

Am Ort des Unglücks wollten Deep Purple vom nächsten Morgen an eigentlich ihr neues Album »Machine Head« aufnehmen. Die Produktion beginnt nun in einem kleinen Theater im Stadtzentrum, nach Lärmbeschwerden zieht man in den Speisesaal des leerstehenden Grand Hotels. Einzige Bewohnerin in diesen Wintertagen ist eine schwerhörige alte Dame, so können Matratzen und Decken im Behelfsstudio den Schall dämmen. Zwei Wochen später sind die Sessions fast geschafft und die Mietfrist läuft aus, als Produzent Martin Birch Alarm schlägt: Sieben Minuten fehlen! Noch ein Song muss her, sofort! Und es klappt. In 15 Minuten ist der Text fertig – 24 Zeilen über das Inferno im brennenden Saal, den Rauch über dem See, den Feuerteufel. Es gibt im Nu verschriftlichte kleine Meisterwerke – »Smoke on the Water« gehört nicht dazu. Ein mittelbegabter Schüler hätte das Geschehen weniger lahm nacherzählt als Sänger Ian Gillan. Aber da sind ja auch noch seine packende Stimme und das Riff, an das Ritchie Blackmore sich zum Glück erinnert. Neulich bei einem Soundcheck kam es ihm in die Finger: Da – da – daa – da – da – da – daa – da – da – daa – da -daa. Seine Inspiration war das berühmte Ta Ta Ta Taa aus Beethovens Fünfter – rückwärts gespielt.

Die unglaublichste Panne

Gut an dieser Blamage war: Ihr Nachspiel führte auf den Highway bleibender Hits. »She's Always a Woman« ... »Uptown Girl« ... »The Longest Time« ... »Just the Way You Are« ... Alles Glanzlichter, die Billy Joel dem Rock und Pop reihenweise aufgesteckt hat. Vorneweg »Piano Man«, sein erster Großerfolg und sein Spitzname seitdem. Der Song beruht auf Joels jahrelangen Erfahrungen als Mann am Klavier, der in Hotelbars die Gäste amüsierte. Ohne eine unsägliche Panne wäre ihm die Schmalspur wohl erspart geblieben – und er hätte den »Piano Man« kaum schreiben können.

1971 hat der junge Mann aus Long Island ein paar vergebliche Anläufe in den Sparten Soul und Heavy Metal hinter sich. Er setzt jetzt alle Hoffnung auf eigenes Material, und seine erste Langspielplatte »Cold Spring Harbor« erscheint. Feingesponnene Lieder, nachdenklicher und sentimentaler als spätere Titel. Die Aufnahmen im Studio sind abgeschlossen, die Bänder wie üblich noch einmal nachbearbeitet worden – fehlt nur noch der letzte Schritt: Im Presswerk werden die Songs in Vinylrillen gebannt. Als Joel die fertige Platte abspielt, glaubt er zunächst, er höre nicht richtig. Aber es stimmt: Sein Gesang ist so piepsig wie bei den Bee Gees, bloß viel schneller. Tonlage und Tempo klingen »like a chipmunk«, findet der entgeisterte Interpret. Er hätte zum Vergleich auch ein anderes Nagetier heranziehen können: Mickey Mouse. »Something wrong with a machine«, heißt es entsetzt und ratlos über das technische Desaster, das nicht mehr gutzumachen ist. Eine geringe vierstellige Anzahl der versemmelten Rundlinge kommt in den Handel und fällt selbstredend durch. Die erste LP verwendet Billy noch wütend als Frisbeescheibe, dann zieht er frustriert an die Westküste und beginnt dort, mit 22, seine langsame Annäherung an den »Piano Man«. Wie hieß das letzte Stück auf der Unglücksplatte? »Got to Begin Again«.

Der besungene Fußballtrainer

Wohl wahr, »Dig it« ist bloß 49 Sekunden lang und wird nicht wirklich gesungen, sondern eindringlich aufgesagt. Eine suggestiv mitziehende Improvisation, ausnahmsweise von allen vier Beatles verfasst, von John Lennon laut und soghaft deklamiert. Er verkettet eine Reihe prominenter Begriffe und Namen und kommt bald an die Stelle: »... B. B. King! And Doris Day! Matt Busby! Dig it! Dig it! Dig it!« (Kapier's doch, schnall's doch!) Dass ein Beatle an einen großen Bluesgitarristen erinnert, schnalle ich sofort, die Nähe zu der familienfreundlichen Schauspielerin schon weniger. Und Matt Busby?! Kein Musiker, kein Filmstar – ein Fußballtrainer! Wie hat sich ausgerechnet ein Ballsportlehrer auf das Album »Let It Be« verirrt? Die Boys aus Liverpool waren zwar schlank, drahtig, reaktionsschnell, sind für Filmaufnahmen gerannt, was das Zeug hielt und durch Alpenschnee getapst. Sie haben auch lebhaft in Pools gebadet, sind aber nie als Sportkanonen aufgefallen, und wenn ich nicht sehr irre, kommen ihre sämtlichen Texte ohne jeden Hinweis auf Cricket, Golf, Snooker oder Rugby aus. Nicht einmal Football hat sie im Heimatland des modernen Fußballspiels inspiriert. Wer also war dieser Matt Busby, den Lennon da so überraschend einflicht?

Kurz gefasst: Ein legendärer Trainer von Manchester United. Er überlebt 1958 in München einen Flugzeugabsturz, der acht seiner Spieler das Leben kostet. Busby macht nach viel gutem Zureden dennoch weiter, baut wieder ein starkes Team auf und bekommt schließlich den königlichen Ritterschlag. Sir

Matthew Busby soll im Umgang ein liebenswürdiger Gentleman gewesen sein, allseits geschätzt und gemocht. Ein feinfühlender Held auf dem Rasen. Und das macht ihn mindestens so erwähnenswert wie Doris Day.

Alles kapiert, John! I've dug it!

Coronas coolster Auftritt

Als man Corona nur noch mit Lungenseuche gleichsetzte, sahen sie plötzlich alt aus – die Freuden, die das Wort einmal umrankten. Genussmenschen verbanden damit ein elegantes Zigarrenformat und ein leicht malzig schmeckendes Bier aus Mexiko. Mancher Christ dachte innig an eine Heilige, die Corona hieß. Und 1972 mischte der Begriff auch im Musiktreiben mit. »Goodbye to Rosie, the queen of Corona«, sang Paul Simon ansteckend in »Me and Julio Down by the Schoolyard«. Langer Titel, heitere Melodie, teils von einer quietschigen Reibetrommel begleitet, teils von Simon gepfiffen. Er vermeldet den Übermut zweier junger Latinos, die von »mama pajama« erwischt werden. Was sie ausgefressen haben, erfahren wir nicht, nur den Ort des Fehltritts – unten am Schulhof. Im Refrain verlässt einer der beiden Ertappten Hals über Kopf sein Herzblatt – die »queen of Corona«. Ihr Reich ist ein Straßenviertel im New Yorker Stadtteil Queens, beliebt für lateinamerikanisches Essen und auch musikhistorisch bedeutsam: Louis Armstrong hat Jahrzehnte in Corona gewohnt. Eigentlich ist

»Me and Julio Down by the Schoolyard« ein luftiges Non-sens-Lied, ein bisschen Geheimnis, ein Hauch Tragik spielen hinein. Und Coronas Königin, ihr hat der Songschreiber eine Zeile lang zugezwinkert.

Die kleinste Verbündete

Mundorgel, Bluesharfe, Mississippi-Saxofon ... Klangvolle Beinamen hat man der Mundharmonika gewidmet. Welches andere Instrument, so handlich und unverstärkt spielbar, bietet mehr Funkenflug aus sehr unterschiedlichen Stilrichtungen? Vereint mehr Farben mit der Kraft, eine mittlere Konzerthalle auszufüllen? Ähnlich klein gebaut und manchmal in Rock und Pop verewigt sind die rübchenförmige Okarina (The Troggs: »Wild Thing«), die Minitröte Kazoo (McGuiness Flint: »When I'm Dead and Gone«) und das Stylofon (Bowie persönlich spielt das Zwerg-Keyboard in »Heroes«). Sogar die buchstäblich eintönige, aber zu variablen Obertönen fähige Maultrommel ist in die Popcharts gelangt (Medicine Head: »One and One is One«). Unverwechselbar prägt dieses kleine Brumm-Eisen auch einige Songs von Leonard Cohen (»Bird on the Wire«).

Nur haben all diese Däumlinge weitaus weniger Einsätze bekommen, sind weniger selbstverständlich dabei gewesen als immer wieder die Harmonika. Die Bluesmusik hat sie von Beginn an fast so geprägt wie die Gitarre – ihr Weg ins poppige Zeitalter war damit vorgezeichnet.

Auftakte und Einschübe, die herbstzeitlos bleiben: Stevie Wonder ist zwölf, als er mit der harp seinen ersten Hit beflügelt, »Fingertips«. Neil Youngs »Heart of Gold« – unvorstellbar ohne die schwermütig geblasenen Soli! Der Einstieg zu »He Ain't Heavy, He's My Brother« von den Hollies – seelenvoll! »Love Me Do«, die erste Single der Beatles – Lennon an der Mundharmonika verpasst dem Stück kurze Windstöße wie von einem Hafen her. Und Steve Katz schickt das Leichtgewicht aus der Hemdtasche auf einen furiosen Solotrip in dem Showdown »And When I Die« von Blood, Sweat & Tears. Ein Dauerbrummen kreiselt durch »On the Road Again« von Canned Heat, es schwebt hypnotisch dahin dank der klingenden Metallzungen. Bob Dylans zweite Stimme – für viele hörenswerter als sein oftmals schnarrendes Organ – ist niemand sonst als sie, die kleine Schwester des Akkordeons.

Nun aber: Stop! Luft holen! Atem schöpfen für das Instrumental, das dem vermeintlichen Kinderspielzeug seinen größten Triumph bescherte: »Groovin' With Mr. Bloe«. Die Mundharmonika teilt sich diese Komposition mit dem Klavier und ist hier für die glänzend gelaunte Melodie zuständig. Die verspielte Idee zweier kleiner amerikanischer Songschreiber wird 1970 ein Sensationserfolg und erreicht Platz zwei der UK-Charts, überholt nur von Mungo Jerrys »In the Summertime«. Welche Band den Groove auf Platte gebannt hat, ist schwer zu sagen. Sie nannte sich Mr. Bloe und war ein flüchtiges Studioprojekt. Ungeklärt auch die Frage nach dem Könner, der die Harmonika so froh und leicht bedient. Harry Pitch oder Ian Duck? Einer von beiden!

Der ungeduldigste Kämpfer

Stell dir vor, ein Krieg ist endlich vorbei und Zigtausende strömen in einen Park. Musiker mit akustischen Gitarren geben den Ton an, um die erleichternde Neuigkeit zu feiern: Südvietnam hat vor dem kommunistischen Norden des Landes kapituliert, die USA sind mit ihrer imperialistischen Gewaltpolitik endgültig gescheitert. Sie hat von 1961 bis 1975 Millionen vietnamesische Todesopfer gefordert, vor allem Zivilisten. An die 60.000 US-Soldaten sind umgekommen, während Hunderte von Songs diesen Krieg behandelten – auch einige, die offen für ihn plädierten.

Nach der Kapitulation Ende April 1975 halten viele Folk- und Rocksänger zunächst inne, bleiben dann aber beim Thema. Ein Bündnis aus Kriegsgegnern kehrt nicht gleich zur Tagesordnung zurück. Am 11. Mai organisieren sie im Central Park einmal mehr eine Kundgebung. Frühlingshafte Sonne, gelöste Gesichter diesmal. »A joyous all-day carnival of songs and speeches«, schreibt tags darauf die New York Times über die feiernde Menge. Die erschienenen Künstler haben Rang und Namen, ihre Lieder sind allen präsent. Tom Paxton ist da, der »Peace Will Come« prophezeite. Pete Seeger, der »Bring 'em Home« verlangte und die amerikanischen Rekruten meinte. Joan Baez,' die in »Saigon Bride« das Schicksal einer Soldatenbraut besang. Und natürlich ist Barrikadenkämpfer Phil Ochs dabei, der produktivste und scharfzüngigste Protestsänger, wenn es um Vietnam ging.

Ochs reimt sich auf strokes – Schläge, die er hartnäckig gegen die Kriegstreiber austeilte. Bereits 1963 bezog der Sohn eines Mediziners mit »Talking Vietnam« Position. 1965 folgte seine Kriegsdienstverweigerung ohne Wenn und Aber: »I Ain't Marchin' Anymore«. Dann 1967 das Ende der Geduld. Phil Ochs macht mit dem Vietnamkrieg kurzen Prozess und erklärt ihn einfach für erledigt: »War is Over« stimmt er auf Demonstrationen in vorderster Linie an. Auch das berechnende Rollenspiel, in das viele Kulturschaffende verstrickt sind, hat er satt – die ritualisierte Wut der »poisoned players«. Für die These, dass die Protestsänger mithalfen, den Krieg zu beenden, ist der Song »War is Over« im August 1968 ein schöner Beleg. Ochs spielt ihn in Chicago vor Hunderten junger Männer, die anschließend ihre Einberufungen anzünden. Die Zeilen »Even treason might be worth a try/ This country is too young to die« lösen minutenlangen Jubel aus. Ochs kann das Lied gar nicht zu Ende singen und verlässt die Bühne vorzeitig – seine Botschaft hat gewirkt.

Das letzte Mal öffentlich trägt er den Song auf jener Freiluftfeier in New York vor. Wenig später hat der Friedensstreiter zunehmend mit sich selbst zu kämpfen und verliert: Er ergibt sich dem Alkohol, fällt in eine tiefe seelische Störung und hängt sich mit 35 Jahren auf.

Von Ola bis ABBA

Am 6. April 1974 nahmen ABBA die erste Stufe auf der Treppe zum Ruhm. Mit »Waterloo« gewann die Gruppe Europas

Singwettstreit und setzte ihr Land auf die Weltkarte der Popularmusik. Ein schwarzer Tag war das Datum für die Hörfreiheit. Soll heißen: Bis dahin fand man die Angebote einer Band spitze oder nicht so gelungen oder auch mal rundheraus daneben. Zwischen Repertoire und Publikum lag immer noch ein Quäntchen prüfende Distanz, ein kritischer Spielraum. Den sollten ABBA massiv einengen. Denn die Möglichkeit, dass das gemischte Quartett einmal schwächeln könnte, ging gegen null. Zwei Liedschreiber komponierten treffsicher und tanzbar, ihre Königinnen sangen klingelnden Glitzer für Charts und Clubs – alle vier waren nicht selten papageienhaft ausstaffiert. Was immer die Band effektvoll produzierte: Vor dem Text kam zuerst die Musik, und die zielte – »S.O.S.«! »Mamma Mia«! – pfeilgerade ins Gefühlszentrum. Eine Nascherei wie Kartoffelchips, knusprig, lecker, gern mehr davon!

»Waterloo« hatte schon viel von den Zutaten, die gnadenlos fesselten. Lebhafter Rhythmus, aufputschende Begleitung, die Melodie besitzt diese kleinen Haken, an denen wir zappeln – nach allen Regeln der Ohrwurmtechnik zwangsbeglückt. Hinten liegt straffer Beat, geschickt abgewandelt – vorn harmonisch perfektioniertes Stimmengeläut. Das waren ABBAs Markenzeichen fast ein Jahrzehnt lang, Schlag auf Schlag. Die Textinhalte? Immer wieder altbackene Beziehungsdramen, leicht nachvollziehbar auch für Eltern, deren Kinder am Disco-Fieber laborierten. »Our Last Summer« verklärt die Flower-Power-Zeit ausgerechnet mit Pariser Souvenirs. Eine Weichzeichnung, als hätten wütende junge Leute die Stadt nicht etwa auf den Kopf gestellt, sondern unbeschwert besichtigt: Bildungsbeflissen in Warteschlangen vor Notre Dame, genüsslich in Cafés und Restaurants, sorglos im Gras vor dem

Eiffelturm. War das nicht eine historische Grenzverwischung? Populäre Musik hatte zuvor die Generationen mehr oder weniger klar getrennt, nun war sie Teil einer Annäherung. Weltanschaulich machten Teens und Twens immer mehr Zugeständnisse an die herrschenden Verhältnisse.

Der ABBA-Sound hat die Erinnerung an zwei Ensembles übertönt, die Ende der 1960er Jahre für eine frische Brise aus Schweden sorgten. Ola & The Janglers ließen 1968 international aufhorchen mit ihrem Twist-Song »Let's Dance«, der durchaus dynamischer war als Chris Montez' Original und zum ersten Mal schwedische Interpreten in die US-Top 100 brachte. Ein Jahr später folgte das Stockholmer Duo Hansson & Karlsson, Fusion-Pioniere, die mit Rockmusik und Jazz experimentierten, aber zugänglich blieben. Lautstark und doch über weite Strecken verträumt. Die einzigen Instrumente der beiden sind Hammond-Orgel und Schlagzeug, sonst nichts. Eine Klasse für sich, die ihnen Auftritte mit Cream, Zappa, Jefferson Airplane sichert. Einmal spielen sie im Vorprogramm von John Mayall und seinen Bluesbreakers. Volles Haus! Als ihr eindrucksvoller Gig zu Ende ist, steht über die Hälfte des Publikums auf und geht wie selbstverständlich aus der Halle. Abstimmung zu Fuß: Wesentlich besser kann die Show ja nicht werden! Lange Gesichter bei Mayall und Band.

Jimi Hendrix nimmt Hansson & Karlsson mit auf Skandinavien-Tournee und covert dann auch noch ihren Song »Tax Free«. Es wird einer der Titel, die viele Fans für »typisch Hendrix« halten ...

Der demütigste Grabschmuck

Ende eines Blitzbesuchs in Wien. Mr. and Mrs. Lennon haben hier soeben für Frieden und Gerechtigkeit geworben. Sendungsbewusst und ironisch sind John und Yoko im Hotel Sacher vor die Pressemeute getreten – nein, gekrabbelt und gewabert. Komplett in weißen Leinenstoff gehüllt, haben sie von Liebe, Geld und Ruhm und von der englischen Königin gesprochen. André Heller, damals noch kein Sänger und Gestalter sinnlicher Großspektakel, sondern ein junger Radiomann, hat notiert und übersetzt, was John über das Staatsoberhaupt zu sagen wusste: »Wir denken fast nie an Elizabeth und ihre Krone. Wir haben bereits jetzt mehr Positives für den Frieden getan, als sie jemals zu tun im Stande sein wird.«

Am nächsten Tag, dem 1. April 1969, geht es wieder zum Flughafen. Das Paar nimmt getrennte Limousinen, André Heller begleitet den Beatle. Als der Wagen sich dem Wiener Zentralfriedhof nähert, erklärt Heller ihm, dass Franz Schubert dort begraben liegt, wohl der bedeutendste Liederkomponist überhaupt, vor Lennon/McCartney. Um die 600 Kunstlieder in nur 31 Lebensjahren hat Schubert geschaffen. Viele Natur-, Liebes-, Klage- und Sehnsuchtslieder. Gedichte haben den Romantiker oft inspiriert. Und ein Pazifist war er, den Polizeistaat seiner Zeit offen verachtend und die Kirche obendrein. Lennon hat mit McCartney knapp halb so viele Songs veröffentlicht und ist geschätzt fünf Mal so berühmt wie Schubert. Vermutlich hat John Lennon dessen Musik nie bewusst gehört, nicht sein »Ave Maria« noch »Das Wandern ist des Müllers

Lust«, dennoch beschließt er jetzt schnell, Franz Schuberts Grab zu besuchen.

Die Zeit drängt, der Wagen hält an. Heller und Lennon laufen über Kieswege bis zu einem Rundplatz mit Ehrengräbern. Eine hohe kunstvolle Marmorsäule ehrt den Wiener Liederschöpfer. John bewegt stumm die Lippen, als würde er zu sich selbst sprechen oder beten. Fast verlegen, so nimmt der Reporter ihn wahr, trippelt der Rockstar über den Kies und sucht mit den Augen die Umgebung ab. Plötzlich gibt er Heller einen sanften Boxhieb auf die Brust: John Lennon scheint einen Moment an einen Aprilscherz zu glauben. Er wiederholt zweifelnd die Namen, die hier im nahen Umkreis auf Grüfte gemeißelt sind: »Mozart, Beethoven, Johann Strauß, Sohn und Vater, Johannes Brahms ...« Und ein Stück weiter, ergänzt der Begleiter, sei noch die Ruhestätte Arnold Schönbergs. Der Zwölftontechniker Schönberg, der den tonalen Wohlklang in Dur und Moll verwarf – lange Zeit vor »Revolution 9«, dem irritierenden Tonband-Abenteuer der Beatles. »Was für eine aberwitzige Versammlung!«, entfährt es Lennon, und Heller prophezeit: »Ja, in musikalischer Hinsicht ist hier am Tag der Auferstehung der Nabel der Welt.«

Wie verabschiedet man sich von so einem Ort? John bückt sich, zieht den Schnürsenkel aus seinem rechten Schuh und legt ihn auf Schuberts Grab. »Statt Blumen«, sagt er. Eine dreiviertel Stunde später hebt die Maschine ab, die den Musiker und die Aktionskünstlerin zurück nach London bringt.

Es wird John Lennons erster und letzter Besuch in Wien bleiben.

Die Rivalin der Gitarrengötter

Die Gitarre lässt sich anschlagen, zupfen, betrommeln, aber auch recken wie ein Zepter, schwingen und schleudern wie eine Axt oder bekämpfen wie ein wildes Tier. Johnny Guitar Watson, nicht Jimi Hendrix, war der wagemutige Neuerer, der sie mit Zunge und Zähnen bearbeitete. Jimi hat zudem bewiesen, dass seine handbemalte Stratocaster genug Holz für ein richtiges Feuerchen bot. Auch liebevoll streicheln und wiegen kann man die Strammbesaitete natürlich. Und überall ist dieses Instrument weiblich. Außer im Englischen, das Gitarren zusammen mit sonstigen Sachen wie Zepter, Axt oder Kaffeebecher als Neutrum abfeiert. A guitar – it's just »it«. Das tonangebende Rock-Gerät, das Chuck Berry zu seiner Tanzpartnerin erwählte – geschlechtslos! Klar feminin war indes der Kosename für die rot lackierte Gibson, die in George Harrisons »While My Guitar Gently Weeps« sanft und sachte weint. Sie hörte auf den Namen Lucy. Nicht Harrison selbst nahm sie für die Einspielung zur Hand, sondern Studiogast Eric Clapton. Er war der Erste, den sie »guitar god« tauften, Könner wie Hendrix, Page, Green oder Gilmour folgten. Dass noch keine »guitar goddess« gekürt worden ist - auch so eine Gleichstellungslücke der Musikgeschichte.

Eine erste ernsthafte Kandidatin trat 1975 in der Gruppe Heart auf. Neben ihrer singenden Schwester Ann konnte Nancy Wilson mit dem langhalsigen Werkzeug beinhart einheizen und Harmonien saftig vorantreiben. Sinnlich fließende Pickings, dynamische Brückenschläge prägten auch Nancys Solopartien. Man höre und sehe diese trotz allem diskrete Fürstin des Hardrocks in einem Konzertmitschnitt von »Crazy On You«: Ein immer noch atemraubendes Intro auf der Akustischen, die hier zunehmend wie unter Strom wirkt. Ein straffer Ritt von Folk über Rock in den Hard Rock hinein. Was das Drum und Dran betrifft: Während eine Suzi Quatro burschikos am Bass rackerte und die erotisierende Lederbraut gab, hatten die Wilsons auch ohne knallige Kostümierung Format. Als man anfing, die beiden nach dem Motto »sex sells« zu vermarkten, wechselten sie das Label. In Korsetts und Stilettos haben sie sich dann doch irgendwann hineingezwängt, ihre Frisuren aufgedonnert.

Nancy Wilson hat einmal mit feiner Strenge erklärt, wie sie die Kolleginnen an der Gitarre findet und wo vielfach der wunde Punkt liegt: »A lot of women play guitar very respectfully, and they play with the guitar; they don't play it, they play with it.« Kein Zweifel: Nancy W. hat mit ihrem Instrument nicht bloß herumgespielt, sie hat es gespielt. Ist sie eine Gitarrengöttin deswegen? Eine gebeugt zu verehrende Himmelsmacht? Sagen wir: Eine teuflisch gute Anschärferin! Und was wollen wir mehr.

Der Ex-Bundeskanzler als Plattenkritiker

Er war ein Redner mit knarzender Stimme, schleppendem Tonfall, starrer Körperhaltung. Trotzdem ist für, gegen, über Willy

Brandt einiges komponiert worden. Eine ganze Oper, die seinen geschichtlichen Kniefall in Warschau würdigt. DDR-Kabarettsongs, die ihn niedermachten. Der eine oder andere Schlager, der dem SPD-Granden in West-Berlin und Bonn schmeichelte. »Willy wählen!«, rief man draußen zu Brandts populärsten Zeiten. Meiner wackeren Schwiegermama aus Niederbayern war das einerseits wurscht, sie wählte unbeirrbar weiß-blau, andererseits bescheinigte die sonst recht züchtige Frau dem roten Sozi einmal spontan: »Der schaugt guad aus!« Damit ist klar erwiesen, dass Willy Brandt ein wesentliches Merkmal der Pop-Kultur für sich beanspruchen konnte: Sex appeal. Musikalisch betrachtet hat er unterwegs im Dienstwagen gern alte Arbeiterlieder geknarzt, und als Bundeskanzler a.D. erschien Brandt der Zeitschrift Stern hinreichend qualifiziert für eine LP-Besprechung, die 1986 in Heft 27 stand. Anlässlich der BAP-Platte »Ahl Männer, aalglatt« lobte der Rezensent selbstkritisch die Politikerschelte der jungen Männer um Wolfgang Niedecken und kam zu dem Urteil: »Aufklärung braucht Künstler, die durchdringen. Wie diese BAP aus Köln.« Oha! Respekt! Brandt, ein mehrsprachiger Polit-Reisender, hatte also offenbar den eigentümlichen Slang dieser Truppe geknackt – diesen Verschnitt aus Altkölsch und Neudeutsch. So weit hat es längst nicht jeder BAP-Fan gebracht – es sei denn, mit Hilfe der Begleitnotizen zum Album.

Ohne Sprachassistenz hörte der Ex-Regierungschef Udo Lindenberg zu, Niedeckens nuschelndem Kollegen. Brandt und Lindenberg kämpften jeder auf seine Weise für Frieden mit dem Osten, beide tranken gemeinsam manchen Cognac und diskutierten. »Mit Willy kam ich öfter zusammen«, plauderte der schlaksige Rockbruder einst, »'n netter Mann.«

Die billigste Aufnahme
einer Langspielplatte

Flammen tanzen, Zweige knistern, ringsum lagern Pfadfinder, Kegelclubs oder Großstadtmüde. So ein Feuer im Freien wärmt die Hände und das Gemüt, macht Appetit auf heiße Nahrung und Lust auf Gesang. Hier sind – garantiert eigene Feldforschung – die All Time Top Five deutscher Nachsänger, Mitsummer und Klampfenvirtuosen: 1. John Denvers Heimwehtrip nach West Virginia. 2. Drafi Deutschers bruchfester Liebesschwur. 3. Bob Dylans Klopfzeichen an höchster Stelle. 4. Die Animals-Warnung vor einer Spiel- und Spaßhölle in New Orleans. Und immer wenn die Funken ausbleiben, 5. »Light My Fire« von den Doors. Als Rahmen für richtige Konzerte oder gar für markttaugliche Mitschnitte kommen die abendlichen Runden natürlich nicht in Frage. Die große Ausnahme geschah im Sommer 1986 in Texas. Die Musik klingt wie ein Nachzügler aus den späten 60ern, und was sich aufnahmetechnisch zutrug, hätte auch damals umstandslos so ablaufen können.

Eine schmächtige Singer-Songwriterin namens Michelle Shocked – bekannt bei Aufrührern, Drop-Outs und der Polizei (Protestaktionen, Landstreicherei) – setzt sich ans Campfire des Kerrville Folk Festivals. Zu ihrer Gitarre trägt sie ein widerspenstiges Programm vor, ganz in der Nähe sitzt der Produzent Pete Lawrence. Er erkennt sogleich die Qualität und lässt seinen Kassettenrecorder laufen. Wenige Monate später sind Michelles »Texas Campfire Tapes« an der Spitze der britischen Independent Charts, trotz mieser Tonqualität und im Hintergrund zirpender Grillen. Die 24-Jährige steht jetzt bei Mercury Records unter Vertrag, und die Firma bewirbt das Live-Album mit einer kaum anfechtbaren Aussage: Es dürfte die einzige LP eines großen Labels sein, deren Aufnahme weniger gekostet hat als ihr Ladenpreis. 1988 folgt das erste Studioalbum der politischen Künstlerin, diesmal technisch tadellos aufgezeichnet, mit einer Ballade über zwei Freundinnen, die sich nichts mehr zu sagen haben. Das Stück wärmt mich immer noch wie ein kräftiges Lagerfeuer: »Anchorage«.

Der treueste Ohrwurm

Die musikalische Kopfgeburt namens Ohrwurm schert sich nicht um Tageszeiten – auf einmal ist sie da und nistet sich zwischen unseren Hörmuscheln ein. Der Melodiebesuch ist uns vielleicht ein Weilchen willkommen, dann nervt er nur noch wie Schluckauf. Einige innere Endlosschleifen habe ich für dieses Kapitel gezielt belauscht. Volle zwei Tage lang haben mich heimgesucht: Billy Joels »Uptown Girl« sowie »An Eternal Flame« von The Bangles. Nichts zu machen! Verflixt attraktive Plagegeister! Psychoakustische Kletten!

Ab und zu erwische ich einen Ohrwurm beim Reinkriechen. Ich schnappe das Wörtchen »Hey!« auf und schon krallt sich »Hey Jude« erbarmungslos fest. Dito »Black Night« von Deep Purple – rockige Klänge aus einer offenen Haustür wehen es heran. Einmal schüttele ich einen Regenschirm aus, das leicht klappernde Geräusch kettet mich prompt an das gekonnt rabiate Klavier-Riff von Barry Gibb in »Lonely Days«. Stundenlang. Der Wurm fürs Ohr kommt also öfter huckepack.

Wissenschaftler verschiedenster Fachrichtungen wollen schon seit Jahrhunderten herausfinden, was es mit dem Eindringling auf sich hat. Ein Ohrwurm soll demnach besonders dann auftauchen, wenn unser Gehirn sich langweilt. Auch Stress kann das Phänomen begünstigen. Sigmund Freud hörte darin »die unbewusste Artikulation unterbewusster Wünsche«. Hm – aber ich fange die Woche doch meist guter Dinge an und war trotzdem schon hilflos der melodischen Klage von The Mamas & the Papas ausgeliefert: »Monday, Monday (Can't Trust That Day)«. Gegenmittel? Kaugummikauen soll helfen. Oder dass man sich den ganzen Song anhört und ihn dadurch verscheucht. Am wirksamsten verschwindet er angeblich, wenn man ihn ignoriert, sich nicht weiter darum kümmert. Man kann ihn aber auch liebend gern umarmen – das war der Kniff meiner Mutter, einer sehr arbeitsamen Frau. Wischen, backen, einkochen, stricken, bügeln – was immer sie tat, gleichzeitig hat sie oft vor sich hingesummt. Ein beständiges Tönekonfetti, mehr leises Geflatter als Gesang und für mich ohne erkennbare Vorlage. Mediziner würden wahrscheinlich sagen: Das Summen hat mittels Zwerchfell und Stimmlippen – zwei verborgene Energiequellen – Stress abgeleitet.

Und wie heißt der beharrlichste Vertreter dieser Spezies? Einer, der besonders häufig vorbeikommt, penetrant kleben bleibt und tief ins Gemüt einsinkt? Meine Antwort fällt streng subjektiv aus, ist aber gut dokumentiert. September 1978, ich schlendere durch ein mäßig belebtes Viertel im damals grauen Liverpool, abseits vom zugeschütteten Cavern Club in der Mathew Street. An die 300 Mal gastierten hier die ganz jungen Beatles, bevor sie zuerst Hamburg, dann Großbritannien schwindelig spielten und Anfang 1964 in die USA aufbrachen. Mit studentischem Forscherdrang mache ich in der Arbeitslosen-Metropole eine Umfrage: »What comes to your mind first when you hear the word Germany?« (Einzige Auskunft mit einer Prise Musik: »Oktoberfest!«) Dabei halte ich den Leuten ein Mikrofon hin, das an meinem tragbaren Recorder hängt. Die 90-Minuten-Kassette existiert noch, und beim Abspielen kommt ein Ohrwurm durch! Man hört immer wieder eine Melodie, die ich halblaut pfeife, wenn Umfragepause ist. Ein Song, den ich seit Jahrzehnten in wechselnden Abständen flöte, summe, singe und der sich leicht zupfen lässt: Tonart C-Dur, Dreivierteltakt. Das Lied ist eine Ode an die Frau des Songautors und Sängers John Denver, geschrieben binnen zehn Minuten nach einer begeisternden Ski-Abfahrt in Colorado und aus dem Wunsch heraus, einen Ehestreit zu überwinden. 1974 zwei Wochen lang Nummer eins in den USA und mein treuester Ohrwurm: »Annie's Song« – ob mir das immer passt oder nicht.

Das gründlichste Missverständnis

Immer wieder mit aufrechtem Daumen und bisweilen peinlich daneben: Spitzenpolitiker in den USA folgen gern beliebten

Klangpfaden. Legen reichlich viel Optimismus hinein, beschallen Wahlpartys mit ausgewählten Songs, outen sich als langjähriger Fan eines Musikers. Oder sie musizieren, unterschiedlich begabt, höchstpersönlich. Bill Clinton, der Saxofon-Amateur, war da schon glaubhaft, bevor er durch präsidiale Höhen und Tiefen schritt. Nicht nur, dass Bill und Hillary ihre Tochter Chelsea nach dem 1969er Song »Chelsea Morning« von Joni Mitchell tauften. Judy Collins' Version gefiel den beiden so, dass sie dem damaligen Präsidentschaftsbewerber eine tiefe Verbeugung wert war. Würde sein Haus abbrennen, verriet er 1992, dann wäre Collins' »Colors of the Day« das Album, das er unbedingt vor den Flammen retten würde.

Benjamin Franklin, ein Grundsteinleger der Vereinigten Staaten von Amerika, erfand immerhin die Glasharmonika, dieses fragile Konstrukt aus glockenartigen Schalen, die so geisterhaft flirren, dass kein Synthesizer mitkommt. Und 1840 machte Präsidentschaftskandidat Martin van Buren den Song »Rock-a-Bye Baby« zum Motto seiner Kampagne. Was für ein herrlich weiter Steilpass, so scheint's, für die mächtige Musikmode kommender Zeiten! Allerdings ist hier ein sanftes Wiegenlied gemeint, das auf einen Seitensinn des Verbs »to rock« verweist: In den Schlaf schaukeln.

Als Rockmusik schicklich geworden war, wallte sie zunächst nur ganz gelegentlich bis ins Oval Office. Der absurde Händedruck 1970 zwischen Richard Nixon und Elvis Presley – ein Kapitel für sich – siehe unten. Wenige Jahre später treffen Rock-Größen die Anführer der westlichen Welt schon selbstverständlicher. Präsident Gerald Ford empfängt George Harrison und Peter Frampton. Jimmy Carter hält Small Talk mit Cher, telefoniert gelegentlich jovial mit Elvis und bezeichnet Bob Dylan als »a source of my understanding about what's right and what's wrong in this society«. Erstmals in einem präsidialen Wahlkampf spenden zahlreiche Führungskräfte aus dem Musikgeschäft frank und frei erhebliche Dollarbeträge für Carter.

Extrovertiert wie kein vergleichbarer Machthaber geht Barack Obama, Jahrgang 1961, mit dem Thema um. Er gibt allerhand kleine Kostproben seiner angerauten Singstimme, die es entspannt mit Spiritual und Blues, Soul und Rock aufnimmt. Zudem publiziert Mr. President regelmäßig ellenlange Playlists seiner Lieblingssongs, solche für tagsüber und welche für abendliche Stunden (flankiert von seinen Film- und Buchempfehlungen). In Obamas Terminkalender stehen Audienzen für Galionsfiguren wie Prince oder Mitglieder von Grateful Dead. Vor erlesenem Publikum singen Gäste wie Stevie Wonder, Ray Charles, McCartney, Dylan ... Das Weiße Haus wird unter dem 44. Präsidenten der USA nebenher zum Konzertsaal, und regiert hat er wohl irgendwann auch.

Die Nr. 41, Ölmillionär George Bush senior, war wohl nicht gut beraten, als er den Song eines strammen Kommunisten für Wahlzwecke vereinnahmte: Mit seinen Kampfliedern war Woody Guthrie ein Urtyp des politischen Protestsängers an der Seite der Arbeiterklasse. Seine Hymne auf die eigene Wanderschaft quer durch das Riesenland – »This Land is Your Land« – ist eben nicht nur naturverbunden. Zwei der sechs Originalstrophen rütteln am Prinzip Privateigentum und gehen auf die Lage von Notleidenden ein. Der konservative Bush dagegen versimpelte den Text auf die geografische Schönheit des Landes – ein im Wahlvolk immer noch verbreiteter Kurzschluss.

Gründlich im Fettnapf der Populärkultur landete Bushs Vorgänger Ronald Reagan. Zum Vorfall im September 1984 gehört ein Blick in tausend Schaufenster, hinter denen Vinylplatten verkauft wurden. Die Läden waren im Sommer jenes Jahres tapeziert mit den Covern von Bruce Springsteens »Born in the U.S.A.«. Das Album war voll von Refrains zum Mitgrölen, die gut gefüllte Stadien erhitzten. Lärmiger Bombast, ziemlicher Hau-drauf-Rock, den keiner besser konnte als eben »The Boss« Springsteen. Wann und wo immer man ein Radio anmachte – vermutlich schallte »I'm on Fire« oder »Glory Days« heraus, »Darlington County« oder der Titelsong »Born in the U.S.A.«. Die Hülle wirkte direkt und knallig wie die Tracks: Vor einer riesigen US-Flagge der neue Superstar von hinten, Jeans, weißes T-Shirt, ein roter Baseballschläger in der rechten Hand. Und die Textbotschaften? Der 73-jährige Wahlkämpfer Reagan und seine republikanischen Helfer hören wahrscheinlich keinen einzigen Springsteen-Song zu Ende und wenn, verstehen sie ihn nicht. Ihnen reichen die vier Titelworte und der Sound. Sich halbwegs sauber zu artikulieren, das liegt Springsteen ohnehin nicht. Der Amtsinhaber, der zum zweiten Mal ins Weiße Haus ziehen will, schmarotzt unbekümmert bei der dröhnenden Stimmung des Albums. Auf Vorstellungstour in New Jersey, wo der Rocker herkommt, ist allen klar, dass Reagan genau den Hit »Born in the U.S.A.« meint, als er hoffnungsvoll verkündet: »America's future rests in a thousand dreams inside your hearts. It rests in the message of hope in the songs of a man so many young Americans admire – New Jersey's own Bruce Springsteen.« Dabei kann schon die erste Strophe nicht trostloser sein:

Born down in a deadman's town
The first kick I took was when I hit the ground
You end up like a dog that's beat too much
'Till you spend half your life just covering up

Dann folgt die bittere Bilanz eines vom Vietnamkrieg gezeichneten Soldaten ohne Job und ohne Zukunft. Doch merklich geschadet hat dem Redner die wilde Fehldeutung nicht. Denn der durchschnittliche Springsteen-Fan überhört ebenfalls, was der Künstler eigentlich will. Während er von sozialen Nöten singt, schwenkt das Publikum begeistert die Fahne, zu der auch Ronald Reagan so unbedingt aufblickt. Außerdem will der Erzpatriot ja die Wirtschaft ankurbeln, er steht für Steuersenkung, er weiß, in welcher kalten Weltgegend »an evil empire« liegt. Und macht er dem jungen Sänger nicht ein nettes Kompliment? Am Ende holt der alte und neue Kandidat phänomenale 58 Prozent aller Stimmen – in New Jersey sind es noch zwei Punkte mehr. Spielentscheidend war das Lied freilich kaum, denn Reagans demokratischer Gegenkandidat Walter Mondale hat den Sänger genauso widersinnig für sich vereinnahmt.

Der Verrat an höchster Stelle

Memphis, 19. Dezember 1970. Bei Elvis Presley daheim ist dicke Luft. In seiner Residenz Graceland empören sich Ehefrau Priscilla und Vater Vernon über die jüngsten Einkäufe

des Hausherrn. Mehr als 100.000 Dollar hat er für 32 Pisto-
len und zehn Mercedes-Benz verpulvert. Alles Weihnachtsge-
schenke. Geberlaune eines Superstars, den man immer noch
King of Rock'n'Roll nennt. Dabei bedient er schon längst den
Geschmack der amerikanischen Mittelschicht – mit roman-
tischen Filmsongs, Country, Gospel. Der Rock'n'Roll ist nur
noch unverbindliche Nostalgie. Damals, 1955, legte er so hit-
zig los, dass Erziehungsberechtigte vor ihm warnten. 15 Jahre
später hingegen sorgt er allenfalls für Ärger in der eigenen Familie, und das eine Woche vor Christmas.

Angesäuert von den Vorwürfen, nimmt er noch am selben
Abend eine Maschine nach Washington D. C. und ein Hotel,
das nur wenige Limousine-Minuten vom Weißen Haus entfernt liegt. Presley kann seine Freundin nicht erreichen und
fliegt tags darauf weiter nach Los Angeles. Was ihn dort um-
treibt, ist lose überliefert. Er lässt wohl seinen Hautausschlag
verarzten, legt sich in seiner Villa in Beverly Hills aufs Ohr,
dann fliegt er nachts zurück nach Washington. Im Gepäck
hat der rastlose Passagier einige seiner liebsten Sammelstücke,
Symbole seiner Passion für Law and Order: Polizeiplaketten
aus Kalifornien, Colorado, Tennessee, ferner allerlei Schieß-
eisen. Welche Trophäe der Sicherheitsnarr noch unbedingt
braucht, wird ihm auf dem Flug klar: Die Dienstmarke des na-
tionalen Bureau of Narcotics and Dangerous Drugs (BNDD)
– the narc badge. Das Abzeichen der Behörde würde Mr. Presley zum zivilen Drogenfahnder machen. Und noch vor der
Landung krakelt er auf fünf Briefbögen von American Airlines
eine ergebene Anfrage an Hardliner-Präsident Richard Nixon.
Schreibt auf, wie sehr er ihn bewundert. Versichert ihm: »Sir,
I can and will be of any service that I can to help the country

out.« Dafür müsse man ihn nur zum Bundesagenten befördern, der dank seiner Musik mit allen Altersgruppen umgehen und vor Suchtgefahr schützen könne. Sein Vorteil laut Selbstaussage: Landesschädliche Elemente wie Hippies, Angehörige der Drogenkultur, radikale schwarze Bürgerrechtler halten ihn, den Unterhaltungsstar, für unverdächtig. Seine Qualifikation: Gründliches Wissen um Drogenmissbrauch und Einblicke in kommunistische Gehirnwäsche. Wenigstens die behauptete Fachkenntnis über Rauschmittel erscheint glaubwürdig.

Früh am Morgen des 21. Dezember bringt der entschlossene Bewerber sein Jobgesuch persönlich zum Nordwest-Tor des Weißen Hauses – das Wachpersonal dürfte vor Vergnügen gegluckst haben. Ein paar Telefonate später opfert der Präsident seine Mittagsruhe für das sonderbarste aller Gipfeltreffen der Popgeschichte. Es wird vorerst geheim bleiben. Außer dem Staatsmann sind im Oval Office nur ein mitschreibender Berater und der Hausfotograf zugegen, als der lebende Mythos nähertritt. Nicht strassgeschmückt wie bei seinen Shows in Las Vegas und doch bühnenreif – mit violettem Seiden-Gehrock, mächtigem weißen Hemdkragen, goldenem Gürtel und schwerer Sonnenbrille. Der Politiker trägt einen erdbraunen Anzug mit Krawatte.

Das nach außen so ungleiche Paar versteht sich. Presley putzt seine beliebtesten Kollegen herunter, die Beatles. In den USA hätten sie Geld gemacht, um dann in England anti-amerikanisch zu agitieren. Sie vor allem, aber das sagt er nicht, haben ihn zudem von den ersten Verkaufsrängen geschubst. »I'm on your side«, beteuert der Künstler seinem Präsidenten, dem Pop- und Rockgrößen sonst weiträumig aus dem Weg gehen. Wer Drogen nehme, gehöre zur Speerspitze der Proteste gegen die USA, spielt Nixon zurück. Dann bittet der Besucher um das Abzeichen für Undercover-Agenten. »Can we get him a badge?«, fragt der Staatschef seinen Gehilfen. Ja, kann man. Nixon: »See that he gets it.« Elvis ist so gerührt, dass er einen Arm um den verdutzten Amtsträger schwingt und ihn an sich drückt. Das ist diesem Präsidenten selten passiert. Dankbar schenkt ihm sein Fan einen echten 45-Millimeter-Colt aus dem Zweiten Weltkrieg.

Erst 1988 erfährt die Öffentlichkeit aus Presse-Artikeln von dieser bizarren Audienz, die ohne großes Echo bleibt. Anders die 28 Schwarz-weiß-Fotos von dem Treffen, die im selben Jahr das Nationalarchiv zugänglich macht. Eine dieser Aufnahmen ist sofort ein Renner: Der freundlich-routinierte Händedruck am Ende der Verbrüderung. Hunderte Kopien verschickt das Archiv in den ersten Monaten, und noch heute ist es eines der meistgewünschten Bilder zur Geschichte der USA. Etwa so begehrt wie das Foto der Weltenlenker Roosevelt, Churchill, Stalin 1945 auf Jalta. Oder wie ein Bild der Demonstranten, die 1963 dem March on Washington vorangingen und Bürgerrechte für Schwarze einforderten. Mehr als 200.000 Gleichgesinnte schlossen sich an, darunter bekannte Sänger und Sängerinnen. Elvis Presley flog an diesem Tag nicht nach D. C.

Das Supersolo für ein Butterbrot

Die Single »Baker Street« dauert gut vier Minuten und macht vom Fleck weg neugierig. Ein ungewiss schwirrender, dann zügiger Einstieg, der übergeht in empfindsam gestrickte Rockmusik. Der Gitarrist Gerry Rafferty singt lakonisch von einer einsamen Sinnsuche in der Großstadt – dazwischen drei Saxofon-Einlagen mit der vehementen Erkennungsmelodie des Songs. Wenn ein Studiomusiker dafür nach Tarif entlohnt wird, ist das erst einmal fair und sauber. Erweist sich der Scheck als ungedeckt, sind wenigstens deutliche Worte fällig. Und wirft die Aufnahme schließlich Höchstgewinne ab, könnte man es dem Gastmusiker nicht verübeln, würde er einen tüchtigen Nachschlag erwarten. Zumal bei so einer grandiosen Leistung: Ohne Raphael Ravenscrofts Saxofonpart wäre Raffertys »Baker Street« vielleicht schon verklungen, so jedoch hallt das Werk seit 1978 mächtig nach.

Im Glutkern der Komposition treffen sich Hugh Burns an der E-Gitarre und der Altsaxofon-Solist. Ravenscroft spielt nicht kompliziert, feuert aber aus allen Zylindern. Magische Bläsersätze, bis dahin eher im Jazz heimisch, werden nun jahrelang populär – unverkennbar in »The Logical Song« (Supertramp) oder in »Careless Whisper« (George Michael/Wham). Und die Absatzzahlen des Blasinstruments schnellen nach oben. Den Musikpädagogen Raphael Ravenscroft, der auch als Dozent und Lehrwerkautor wirkte, wird das gefreut haben.

Über die schäbige Entlohnung war er da schon hinweg. Der Scheck – doch noch einlösbar – brachte dem Saxman exakt 27,50 Pfund Honorar. Die vertraglich korrekte Vergütung, und dabei blieb es. Bis zu 80.000 Pfund Tantiemen jährlich soll demgegenüber Gerry Rafferty für sein Glanzstück erhalten haben. Freilich hat sein wichtigster Beiträger indirekt profitiert: Nach »Baker Street« engagieren ihn Größen wie Tina Turner,

Pink Floyd, Marvin Gaye für 5000 Pfund oder mehr pro Session. Daher war er nicht nachtragend, im Gegenteil – erleichtert hat Raphael Ravenscroft bilanziert: »If I had received pots of money, I wouldn't have known what to do. It might have destroyed me.«

Als Gerry Rafferty 2011 stirbt, widmet ihm Ravenscroft ein Instrumental, das er »Forgiveness« nennt – der Begriff meint so etwas wie Vergebung oder Versöhnlichkeit. Man kommt da rasch ins Grübeln. Wer verzeiht wem was? Der unterbezahlte Studiomusiker einem knickrigen Singer-Songwriter oder einer gierigen Plattenfirma? Oder bittet er etwa um Nachsicht für ein eigenes Versäumnis? Denn handwerklich hat ihn sein Auftritt in »Baker Street« nicht überzeugt. »It's out of tune.« Die Noten schief geblasen, Tonlage zu tief, fand der selbstkritische Meister. Nachfragen können wir nicht mehr – Ravenscroft starb drei Jahre nach Rafferty.

Mit Hängen und Stottern number one

Nein, hier wird jetzt keine Sprechstörung verhöhnt. Das lag auch Randy Bachman fern, dem Mitgründer, Sänger, Gitarristen und Songwriter der kanadischen Rockband Bachman-Turner Overdrive. Sein jüngerer Bruder Gary – eine Zeitlang Manager von BTO – war Stotterer. Beide mochten sich und wussten gut, was unter frotzelnden Geschwistern geht und was nicht. Acht Songs von »Not Fragile« waren fertig eingespielt, ein weiterer lag noch herum – als abschließende Nummer fand Randy ihn zu schwach und zu persönlich. Das Stück trug er schon länger mit sich herum, eine Spielerei ohne viel Text. Ein »work song«, mit dem die Band sich im Studio aufwärmte. Während der Aufnahmen zu »Not Fragile« rundet Randy die Improvisation ab und nimmt sie mit der Gruppe auf – aber nur zum Spaß, nicht zum Publizieren. Denn die Gitarren sind ziemlich verstimmt, und vor allem den Refrain findet der BTO-Anführer nicht präsentabel. Er stammelt da wie sein Bruder: »B-b-b-baby you ain't seen n-n-n-nothin' yet/ Here's somethin', here's somethin' you're never gonna f-forget, baby.« Der Sänger will ihm eine Musikkassette mit der Privatparodie schicken, Gary soll den einzigen Tonträger des Songs bekommen: Ein kleiner Scherz nebenher.

Dass »You Ain't Seen Nothing Yet« bald millionenfach verkauft wird, liegt an Gespür und Starrsinn des Labelchefs Charlie Fach. Der Boss drückt den Song mit den gestotterten Zeilen ins Album. Randy Bachman, ein klassisch ausgebildeter Violinist, lehnt das zunächst heftig ab, lässt sich dann überzeugen und stimmt schließlich auch der Single-Auskopplung zu. Ein Lied mit dieser Zugkraft lässt man halt nicht liegen. Im Herbst 1974 steht es eine gute Weile ganz oben in den Billboard Hot 100. Erstmals ein Spitzenplatz für eine Komposition mit gestottertem Gesang!

Weit gebracht haben es noch einige andere Songs, die wirkungsvoll auf der Stelle holpern: »My G-G-Generation« (The Who), »Lo-Lo-lo-lo-Lola« (The Kinks), »B-B-B-Bennie and The Jets« (Elton John) oder »Ch-Ch-Ch-Changes« (David Bowie). Manches Gestammel ist mehr als ein billiger Gag, es macht die Intonation kurzatmig, verkrampft, unbeholfen, kämpferisch, überglücklich – je nachdem. Bemerkenswert die Reihe stotternder Künstler, deren Handicap beim Singen keine Rolle mehr spielte – die zwei Bluesgrößen B.B. King und John Lee Hooker etwa. »If I were wrongfully accused of a crime«, erzählte B.B. King einmal, »I'd have a tough time explaining my innocence. I'd stammer and stumble and choke up until the judge would throw me in jail. Words aren't my friends. Music is. Sounds, notes, rhythms. I talk through music.«

Der Stotterer Rory Storm, Bandleader von The Hurricanes, machte in Nordengland und Hamburg den Beatles Konkurrenz. Storms Aufstieg versandete dann glücklos, jedoch nicht weil er gehemmt sprach. Was konnte er schon dafür, dass ausgerechnet Ritchie Starr, sein begabter Drummer, absprang, um John, Paul und George zu folgen? Nebenbei bemerkt: Noch vor dem Wechsel hatte Rory Storm dem Überläufer geraten, seinen Vornamen aufzupolieren. Ritchie trug nämlich gern beidhändig Fingerringe. Der Rest ist Ringo – ein ewiglich glitzerndes Pseudonym.

Die verlockendste Kirmesmusik

»Ist der Wagen noch so klein/ Das zweite Bein muss mit hinein!« Lyrisch, laut und lustig tönt es über die schwarze Stahlfläche hinweg. Darauf gleiten und fegen, ruckeln und rempeln bonbonblanke Zweisitzer. Unten ist jedes Gefährt dick mit Gummi gepuffert, vom Heck aus ragt und wippt eine dünne Stange bis in die Oberleitung, ein Gitternetz. Auto-Selbstfahrer nennen wir – doppelt moppelnd – die Attraktion in unserem kleinen Dorf. Ihren Reiz verdankt sie auch dieser aufgedrehten Stimme. »Immer wieder Spaß! Immer wieder dabei sein!«, ruft der Anwerber unermüdlich ins Mikrofon. Seine Verheißung: Ein paar Minuten Fahrtwind, Kurven, Kollisionen. Und immer wieder spielt er die neuesten Singles, aufgelegt hinter dem breiten Kassenfenster, hinter dem bunte Plattenhüllen prangen. Manchmal ist Wunschkonzert. Der Herr über Stromzufuhr und Musik spielt dann Lieblingsnummern von Fahrgästen – und der Rummel geht richtig ab.

Was etwas später fast überall Auto-Scooter hieß, war zwischen Kindheit und Jugend meine seltene Chance, Popklänge geschmacksverstärkt zu erleben. Als Teil einer Inszenierung mit der Illusion von Tempo – um die 10 km/h reichten völlig aus. Mein Taschengeld war knapp, meist lehnte ich am Geländer dicht neben dem Geschehen, sang die Refrains mit, halblaut und lückenhaft. Der Sprücheklopfer hatte zu bieten, was die Charts so hergaben. Genau erinnere ich mich aber nur an einen einzigen Titel, insofern besteht kein Zweifel: Das muss sie gewesen sein, die schärfste Kirmesbegleitmusik. Ich habe sie auf der Raupenbahn eingesogen, dem anderen hitbeschallten Magneten, falls das Selbstfahrgeschäft nicht kam. Die Raupe rotierte über Berg und Tal, und sie hieß so, weil sich plötzlich mit Sirenengeheul ein grünes Stoffverdeck über die Passagiere wölbte. In den rollenden Séparées wurde es nun dunkel und sehr zweisam – 30 Sekunden Knutschen. Wie geschaffen für diesen Moment: »Baby I Love You«, der Goldsong von Andy Kim. Ansprüche ans künstlerische Niveau blende ich heute noch aus, wenn ich mich fallen lasse in diesen Poprock mit dem weiblichen, driftenden, keck antwortenden Chor im Hintergrund. Er streute den ab und an nötigen Zucker aufs Gemüt: »Come on baby, na, na, na, naa, na, na, naa ...« Das versüßte den Ärger, dass ich zwei Zeilen akustisch nicht entschlüsselt bekam: »I can't help it I feel this way« und zum Schluss »Baby I just lo-ho-hove you!« (so simpel, weiß ich inzwischen auch). Bei mir kam im Raupentrubel eine englische Neuschöpfung an: »Baby, I just starve you«. Ich ahnte den Irrtum, fand mein Textverständnis dann aber gar nicht so sinnlos. Verliebte schmachten nun mal nah am Verhungern. So war's – da konnte der Ranschaffer noch so fröhlich fordern: »Alle mal herhören – auch die Schwerhörigen!«

Der unmöglichste Bandname

Die schwer missratene Namenswahl – um die 15 Fälle hatte ich mal beisammen und sie entschieden auf eine Liste notiert. Meine Auswahl-Kriterien: Albern. Viel zu lang. Hinz und Kunz. Zu viel Denksport. Anmaßend. Zungenbrecher. Kurzum: Unmöglich. The Gods zum Beispiel wähnten sich wohl von vornherein himmelweit entrückt, auch wenn sie meist auf Tingeltour in englischen Niederungen waren (eine Weile mit Greg Lake, der nachmaligen Stütze von Emerson, Lake & Palmer). Fruchtig wie ein Brotaufstrich: The Marmalade. Nahezu staatstragend und auf der Landkarte schnell verortet: The United States of America. Was trieb The La's bei ihrer Selbsttaufe um? Angeblich die Kurzform für den biblischen Lazarus, worauf man von selbst nicht leicht kommt. Dann die Progressive-Rock-Ensembles Yes, No und Them. Wie es heißt, waren alle drei Wörtlein programmatisch aufgeladen – aber als Aushängetafel für eine ganze Gruppe doch reichlich karg und verkopft. Die Formation The Band taufte sich so im Anschluss an ihre ehrbare Zeit als Begleiter (Bob Dylan and The Band) und nahm in Kauf, dass man ihren Namen für sehr brav oder sehr unbescheiden hielt.

Dann höre und sehe ich Paul Simon über alte Zeiten plaudern. Im England der frühen Sechziger war er solo in Folk-Clubs unterwegs, als ihm jemand den Namen eines neuen Quartetts zeigte: The Beatles. Sofort verzog der sprachsensible Gitarrist damals die Miene: »What a terrible pun! That won't work!« Simon musste seine Meinung bekanntlich ändern. Der Wortwitz gewann Zauberkraft, sobald man damit einen Sound und vier Persönlichkeiten verknüpfte. Wird die Namensvergabe also überschätzt?

Erhellend hat das der amerikanische Songwriter Jeff Tweedy beantwortet. Seine alternative Countryband hieß einmal Uncle Tupelo, onkelhaft nach Elvis Presleys Geburtsort Tupelo benannt. Mit der Zeit, findet Tweedy, denke man über den Namen gar nicht mehr nach: »It disappears into itself and becomes automatic. (...) Do you ever stop and think about the name The Rolling Stones? Face it, that's a stupid name.« Und der Name der Stones-Antipoden? »The Beatles doesn't mean The Beatles anymore. You don't listen to their music and think, ›Oh, yeah, I get it, they're really like beetles but spelt with an a, because they're rhythmic insects.‹ The Beatles means The Beatles.« Das trifft es wahrscheinlich.

Obwohl ... Ist da nicht doch Luft nach unten? Könnte sich eine Truppe, die mehr als eine minimale Minderheit erreichen will, jemals The Potato Sacks oder Bad Breath oder The Dog Eaters schimpfen? Hätten Black Sabbath auch Schmusepop spielen können? Aber warum eigentlich nicht? Eine hannoversche Band mit dem gruseligen Namen Fury In The Slaughterhouse kann sich ja auch gefühlvollem Rock widmen.

Furchtbar doof benamst – trotzdem erträglich geworden, dann unterhaltsam gefunden, sogar als Markenzeichen gefeiert. Ein Übersetzungsspiel verdeutlicht den Punkt. Die Wer. Die Stechpalmen. Die Tiere. Dünnes Zinn-Lieschen. Donnerschlag Neumann. Die Ratten der schnell wachsenden Städte. Auf Englisch – nun ja, da klingt fast alles irgendwie knusprig – haben sich diese Bands sehr wohl einen Namen erspielt. Ihn allerdings auch gekonnt unterfüttert ...

Unmöglich ist demzufolge nur dieser eine Bandname – der unmögliche. So ein Gebilde zu finden scheint ausgeschlossen. Meine schwarze Liste habe ich nach dieser Einsicht tüchtig zusammenradiert. Das Signet The Marmalade hört sich fast sogar köstlich an, seitdem ich »Reflections of My Life« wieder mal aufgelegt habe. Ein Ärgernis aber bleibt übrig. Ich kann es nicht schlucken, beim besten Willen nicht, auch wenn die betreffenden Rocker passable Musik gemacht haben. Nein, ihr Name geht einfach nicht: The The.

Das Rock-Opus auf Zehenspitzen

Schon lange muss die Rock and Roll Hall of Fame sich fragen lassen: Warum verwehrt sie einer Band den festlichen Einzug, die so unverwechselbar, hochmusikalisch, fortschrittlich und erfolgreich tätig war wie Procol Harum? Und auch vielseitiger, als man in dem Ruhmestempel in Cleveland, Ohio, vielleicht meint. Immer wieder mal bluesig und folkig, gelegentlich haben sie locker geschrammelt. Das liebste Ding dieser Gruppe jedoch: Die große Geste, sinfonisch gewundene Schlaufen bis an die Grenze zum dekadenten Pomp. So hat das wechselvoll besetzte Quintett um Komponist, Pianist und Sänger Gary Brooker klassische Klangwelten erschlossen – bis heute fesselnd genug, wenn Brooker mit oder ohne Band konzertiert.

Nur »A Whiter Shade of Pale« ist in der Ehrenhalle untergekommen, und zwar sinnbildlich auf einem Seitenaltar für herausragende Single-Platten. 1967 war der Song Procol Harums mächtiges Debüt. Immer noch nicht ganz totgespielt seitdem. Behusam angelehnt an Johann Sebastian Bach. Ein Engtanz-Klassiker. Feierlich und ohne Scheu vor langen Noten drückte einst Mitkomponist Matthew Fisher die Tasten seiner Hammond-Orgel. Darüber die Zeile mit dem hauchfeinen Vergleich: »Eine Spur weißer als blass« wirkt das Gesicht eines erschrockenen Mädchens. Es ist die genaueste Beobachtung in diesen nicht gerade flapsig formulierten Versen von Keith Reid. Seine verrätselte Rhetorik um ein Pärchen beim flamencohaften Tanz gilt als der Text, den keiner versteht – was auch daran liegt, dass zwei Originalstrophen nicht mit auf die Platte kamen. Dadurch fehlen erklärende Querverweise.

Falls die Gruppe weiterhin nur scheibchenweise geehrt werden sollte: Der nächste Einzeltitel steht längst bereit. »A Salty Dog« ist eines der bedächtigsten Rock-Werke überhaupt. Ein gedehnter Nervenkitzel vorwiegend in Moll. Der 4/4-Takt immer wieder kurz vor dem Stillstand. Maßvolle

Ruhe wie beim Largo. Auf Zehenspitzen steigen Klavier und Geigen von Klippe zu Klippe. Dann braust das Orchester auf, der Solo-Gesang überschlägt sich fast, ballt alle Dramatik zusammen. Darin gipfeln die geheimnisumwitterten Notizen eines Seebären, der in altem Englisch »a salty dog« heißt und vom Los einer Segelschiff-Mannschaft erzählt. Ganz zuletzt ein paar Wellenschläge, verklingendes Möwengeschrei. Und gleich nach dem maritimen Spuk, kaum hat die Nadel die schwarzen Rillen durchtastet, da hört unsere Fantasie noch ein Stück Ewigkeit: Nichts als Windstille über dem Salzwasser.

Die verspieltesten Tribute-Bands

Gemeint sind hier nicht ehrgeizige Kopien, die das Original eh nie erreichen, keine echt nachgemachten Oldie-Shows – sondern Doppelgänger, die in ihrem leicht abgewandelten Bandnamen andeuten, dass Ironie mitspielt. Hinweise auf diese Namen sind verbrieft. Ob sie wirklich existierende Musikgruppen schmückten, steht manchmal dahin. Wer die Wortwitze nicht gleich durchschaut, vertiefe sich mal eben in Werdegang, Werk und Wirkung der imitierten Band oder im Wörterbuch.

Queen: Royal Family / Qween

Pink Floyd: Pink Fraud

The Eagles: The Illegal Eagles

T-Rex: T-Rextasy

ABBA: Abbalanche / Abba Solutely / Swede Sensation

Led Zeppelin: Whole Lotta Led / Letz-Zep

The Who: The Wholigans

Deep Purple: Cheap Purple

AC/DC: AB/CD, Easy Daisy

Status Quo: State of Quo

The Beatles: The Beatalls

The Rolling Stones: The Rolling Clones, The Strolling Bones

Black Sabbath: Sabbra Cadabra / Slack Babbath

Boney M: Foney M.

Die einsamste Gegenstimme

Die vier Neuen aus Liverpool spielten stets gut gelaunt und bei aller lärmenden Ekstase musikalisch raffiniert – wenn man denn genauer hinhörte. Ihr Hauptthema in den Jahren 1963/64: Verliebtsein! Junge Leute schüttelte das durch, trieb sie aber nicht auf die Barrikaden wie der Rock'n'Roll, der inzwischen von gestern war. Taumel und Tumult mündeten nicht in Zerstörungswut, und bei den Pressekonferenzen der Band gab es immer was zu lachen. Doch die bierernsten

Schreiber im deutschen Blätterwald waren jahrelang eher angewidert von den Beatles. Hohn und Spott flossen kübelweise. Während die erste deutsche Fachzeitschrift für Rock und Pop bis 1968 auf sich warten ließ, zeterte die Tagespresse über »Schreihälse« und »Mistkäfer«, »Paviane« und »Neandertal-Frisuren«. Journalisten zwischen Flensburg und Garmisch bedienten eifrig Volkes Stimme. Ausgerechnet die Bravo, federführend bei Fab-Four-Konzerten in München, Essen, Hamburg, schrieb ungerührt von »heulenden Eunuchen«. Dabei verfeinerten die Beatles ihren Stil zunehmend, im August 1966 machten sie endgültig Schluss mit kräftezehrenden Auftritten vor kreischenden Fans. Stattdessen schöpferischer Rückzug ins Studio, um monatelang an einem neuen Album zu feilen. Es trägt den kuriosen Namen »Sergeant Pepper's Lonely Hearts Club Band« und erregt in der Popwelt enormes Aufsehen: Ein Wunderwerk voller Stilwechsel! Ein richtiges Konzept mit rotem Faden! (Hm, da irren die Experten ...) Kein einziger schwacher Song! Und erstmals ein aufklappbares Album, das alle Texte zum Mit- oder Nachlesen abdruckt! Eine renommierte Stimme freilich fehlt im transatlantischen Chor der Lobes-Arien. Der freischaffende Journalist Richard Goldstein, einer der ersten Rockmusik-Rezensenten, schreibt für die New York Times einen Verriss, der sich gewaschen hat. Goldstein hört auf der Platte musikalischen Schund und Kitsch, Melodramatik und Wirrwarr – das zeige sich schon auf dem überladenen Cover. Streckenweise, so moniert er, sei das Instrumentalspiel der Beatles gar nicht hörbar vor lauter Orchester-Blendwerk und Spezial-Effekten. Ernüchtert fasst Goldstein zusammen: »There is nothing beautiful on Sergeant Pepper.« Und zitiert spöttisch aus Lennons früherem Song

»Strawberry Fields Forever«: »Nothing is real and nothing to get hung about.« Nur »A Day in the Life« lässt der 22jährige Kritiker gelten als »one of the most important Lennon-McCartney compositions, a historic Pop event«. Goldstein ist der einsame Streiter gegen ein Heer von Bewunderern. Der Nachtrag, den er vier Wochen später in Village People veröffentlicht, ändert nicht viel an seinen Vorbehalten. Nun ja, meint der Kritiker versöhnlich, als Privathörer könne er »Sergeant Pepper« durchaus genießen. »I find the album better than 80 per cent of the music around today; it is the other 20 per cent (including the best of the Beatles' past performances) which worries me as a critic.« Und dann teilt er wieder aus: Wenn man den ganzen Schnickschnack abziehe, hätten die Beatles sich mit ihrer neuesten Produktion nicht voranbewegt. Einzelne Elemente wirkten zwar zunächst radikal neu, hätten andere Bands aber bereits ausprobiert – die langen Songs, die opernhafte Inszenierung, die stilistische Vielfalt.

Ist »Sergeant Pepper's Lonely Hearts Club Band« also wirklich das beste Album von Paul, John, George und Ringo? Jedenfalls das berühmteste – und Richard Goldstein war sein scharfsinniger Kritiker.

Der mutigste Radio-DJ

Menschen in ganz Rumänien – ob jung, alt, vogelfrei oder eingesperrt –, alle haben sie ihm zugehört. Einer seiner Fanclubs organisierte sich über dicke Mauern hinweg in Gefängnissen. So reihum beliebt machte Cornel Chiriac zum einen der Sound, den er Mitte der 1960er-Jahre auflegte. In seiner regelmäßigen Radiosendung »Metronom« spielt der DJ Bob Dylan, Jimi Hendrix, Janis Joplin – und das trotz politischer Diktatur und Geheimpolizei, die ihn zunächst gewähren lässt. Als Hendrix stirbt, ermutigt Chiriac Tausende Schülerinnen und Schüler, mit schwarzem Trauerband zum Unterricht zu kommen. Freiheitliche Botschaften, die er in seinem Programm verbreitet, machen die Runde. Titel wie »Satisfaction« oder »Revolution« bringen das Herrschaftsgetriebe immer wieder einen Moment lang zum Knirschen. Nach dem sowjetischen Einmarsch 1968 in Prag riskiert der 26-Jährige zur besten Sendezeit den Song »Back in the USSR«. Seine Sendung wird sofort verboten. Der Discjockey flieht über Österreich nach München und bleibt sich treu. Beim US-Exilsender Radio Free Europe geht er 1969 wieder mit »Metronom« auf Sendung. In Rumänien hört man ihn heimlich, auch wegen seiner offenen Kritik am Regime. Selbst Morddrohungen der Geheimdienstleute schüchtern ihn nicht ein. Dann kommt der 4. März 1975: Cornel Chiriac wird in München auf offener Straße von einem 17-jährigen Deutschen erstochen. Raubmord oder Auftragsmord – die Frage bleibt ungeklärt. Ein weißer Grabstein erinnert heute in Bukarest an den wahrheitsliebenden Radiomann, mit eingemeißelten Kopfhörern und der Inschrift: »Generation Make Love Not War«.

Die hilfreichsten Fans

Ist nicht alles im Leben ein Geben und Nehmen? Jede populäre Musik ganz sicher. In Fluss kommt sie ja erst, wenn Sender
und Empfänger auf der selben Welle schwimmen. Selten allerdings sitzen Künstler und Fans hautnah im selben Boot und
machen die Musik gemeinsam. Ein Februartag 1968. Weil es
in London so kalt und die Schar kleiner ist als sonst, haben
ein paar zähe Verehrerinnen der Beatles Glück. Der Portier
lässt sie ins vornehm graue Gebäude der EMI Studios eintre-
ten – bis kurz hinter die Türschwelle wenigstens. Fast alle ihre
Titel spielt die Band hier an der Abbey Road ein, und auch
wenn es spät wird, warten die jungen Fans oft stundenlang.
Irgendwann wird zumindest einer der fabelhaften vier ja kommen. Ein Lächeln im Vorbeigehen, ein munterer Zuruf, schnell
noch ein Schnappschuss – die Beatles sind da ganz umgäng-
lich. Bestimmt auch an diesem Wintertag. Dann ist es soweit.
Eine Glastür öffnet sich, locker wie immer erscheint Paul
McCartney – nur stellt er den Mädchen diesmal eine über-
raschende Frage: »Can any of you girls hold a high note?«
Lizzie Bravo und Gayleen Pease haben sofort die Finger oben.
Die Freundinnen schaffen einen kurzen Test und schon führt
McCartney sie ins Studio 2 vor ein Mikrofon, eine Handbreit
neben John Lennon. Geprobt wird gerade »Across the Universe«, eine intergalaktische Meditation, der im Hintergrund
nur noch weibliche Stimmen fehlen. Die beiden Neuzugänge
sind rasch eingeabeitet. Während Lennon durch den Refrain
schlängelt – »nothing's gonna change my world« – , sorgt das

Teenager-Duo dafür, dass die Botschaft ziemlich grelle Obertöne abbekommt. »Were you nervous?«, will eine TV-Reporterin später wissen. Die zwei sind sich auf Anhieb einig: »Excited, yeah, and they made us feel relaxed.« Gayleen und Lizzie lassen sich also leicht aus dem Lied heraushören, man darf dafür jedoch nicht das Album »Let It Be« auflegen. Es enthält zwar die bekannteste Songversion, aber auch neuen, professionell abgerundeten Chorgesang, den Phil Spector in seiner Überarbeitung 1970 einbaute. »Across the Universe« im Originalklang mit den zwei Aushilfskräften gibt es auf Sonder-LPs: Die WWF-Benefizplatte »No One's Gonna Change Our World« oder »Past Masters« oder »Rarities« aus der Sammlung »The Beatles Collection«. Dort und nur wenige historische Minuten lang sind die Fab Four die Fab Six!

The Who haben am 20. November 1973 einen wichtigen Termin in San Francisco. Es ist das Auftaktkonzert der US-Tournee, die »Quadrophenia« präsentieren soll, die zweite Rock-Oper des Quartetts. In England ist die Tour eher schlecht gelaufen. Für das aufwändige Werk sind die Proben zu kurz. Die Instrumentierung des Studio-Albums und den Gang der Handlung auf die Bühne zu bringen, gestaltet sich schwierig. Die Stimmung ist gereizt, Sänger Roger Daltrey versetzt Lead-Gitarrist Pete Townshend einen Faustschlag. Das Programm wird schließlich umgebaut, weniger »Quadrophenia«, mehr bekanntes Hit-Material. Der Neustart an der amerikanischen West Coast macht besonders Extremtrommler Keith Moon flatterig. Kurz vor Konzertbeginn schluckt er mehr als genug Alkohol, dazu dicke Beruhigungspillen, die eigentlich Tieren verabreicht werden. Die Folgen für die Show sind verheerend. »Won't Get Fooled Again« ist dran, da kippt

Moon vornüber – ein paar Roadies helfen ihm hinaus, während der Rest den Song allein zu Ende bringt. 30 Minuten Unterbrechung. Eine Dusche und Cortison wirken – der Drummer kommt auf schwachen Beinen zurück, »Magic Bus« steht an. In der letzten Strophe sackt Keith Moon auf seinem Drumset zusammen und wird bewusstlos ins Krankenhaus gebracht. Was nun? Townshend, Daltrey und Bassist John Entwistle retten sich zu »See Me, Feel Me« hinüber, das Roger Daltrey in der Not mit einem Tamburin begleitet. Riesenapplaus – und Townshend dankt der Menge mit den Worten: »I think it should be us applauding you.« Jetzt liegt Abbruch in der Luft, doch der Chef von The Who geht erneut ans Mikrofon und fragt: »Can anybody play the drums?« Energischer Zusatz: »I mean somebody good!« In den Reihen gleich links vor der Bühne macht sich jemand bemerkbar. Mike Danese zeigt aufgeregt auf seinen Nebenmann und Freund Scot Halpin und ruft: »He can play!« Scot hält sich zurück, denn begabt ist er zwar, hat aber auch ein Jahr lang nicht mehr geklöppelt. Veranstalter Bill Graham überlässt dem 19-Jährigen das letzte Wort. »Can you do it?« – »Yes!« Von sich selbst überrascht steigt der Jungspund hinauf zur Band. Ein Handschlag von Townshend, ein Schluck Brandy – und der mager gebaute Aushelfer bewältigt seine erste Aufgabe beachtlich. »Smokestack Lightning«, ein bluesiges Stück, gibt ihm Chancen zur Improvisation. Die nächsten zwei Titel sind komplexer, machen ihm hörbar zu schaffen bei trotzdem unbeirrt cooler Miene. Dann ist wie geplant Schluss – der Jubel gilt nicht zuletzt dem jungen Kerl, den die verbleibenden drei Stars in die Bühnenmitte nehmen. In einem Interview hat Scot Halpin bewundert, wie konditionsstark die Rocker den Auftritt bis zum Ende durchzogen. »I only played three numbers and I was dead.« Und der kollabierte Keith Moon? Mit ausgepumptem Magen erholte er sich rasch. Die Vorstellung am übernächsten Tag in Los Angeles verlief ohne Zwischenfall, die Tournee kam immer besser in Fahrt.

Fans und Künstler im Clinch

Manchmal hilft nichts mehr weiter. Das magische Band zwischen Künstler und Gefolgschaft leiert aus, bekommt Risse, geht entzwei – man kennt das ja aus anderen Beziehungen auch. Oder nach einem reinigende Gewitter wird alles wieder gut, nur die Richtung ist neu.

Nachgeborene, die heute so viel Lobpreis über »His Bobness« hören, mag es erstaunen: Als Überläufer hat Bob Dylan einmal viele Anhänger entsetzt. Er war bis zum Juli 1965 vor allem gegen politische Zumutungen und den Extremfall Krieg angetreten, solo mit Akustik-Klampfe und Mundharmonika. Am letzten Tag des Newport Folk Festivals traut die Menge ihren Augen und Ohren nicht. Dylan kommt ganz in schwarzem Leder auf die Bühne, eine Fender Stratocaster hängt um seine Schultern. Elektrisch aufgerüstet spielt auch die Begleitgruppe. Die Songs des Barden neigen schon seit Monaten zur poetischen Innenschau. Er vermengt jetzt zunehmend Rock mit Folk und kassiert dafür in Newport reichlich Buhrufe. Wenig später bombardieren erboste Fans in New York den Abtrünnigen mit Obst. Der Unmut trägt Früchte: Dylan gibt sich umso entschiedener dem Kurswechsel hin und beschleunigt so die Loslösung der noch jungen Rockmusik von ihrer Rolle als Tanzmusik für Teens. Rock wird zur Kunstform.

1977 bespuckt Pink-Floyd-Bassist Roger Waters während der Tour zum Album »Animals« einen Mann, der auf die Bühne klettern will. Waters entlädt dabei seinen Frust über ein Publikum, das gar nicht mehr kommt, um der Musik zuzuhören, sondern um Bier zu trinken und sich auszutoben. Er ist so aufgebracht, dass er nur noch eine Mauer zwischen Band und Publikum sieht. Sein Zorn mündet in die Doppel-LP »The Wall«, die einen desillusionierten, psychisch erkrankten Musiker darstellt. Es wird eines der einträglichsten Alben der Rockgeschichte und belegt: Der Suff- und Speichelvorfall hat das Verhältnis zur Gefolgschaft zwar ein Weilchen eingetrübt, dann aber kreative Kräfte geweckt, die sicher auch manchem Biertrinker imponierten.

Crosby, Stills, Nash & Young, die mit Folk bis Rock beliebig einlullen und aufrütteln konnten, schätzten ihre eingeschworenen Fans irgendwann völlig falsch ein und vergraulten sie. Mehr noch: Das Quartett erhielt im Sommer 2006 Todesdrohungen. CSNY sangen nämlich hochpolitische Botschaften am glühend national gesinnten Publikum vorbei. Sie gipfelten in dem Song »Let's Impeach the President«, Neil Youngs Aufruf, George W. Bush aus dem Amt zu treiben, weil der die USA 2003 in den Irak-Krieg geführt hatte. Der Roadtrip, den Young mit seinen drei alten Freunden bestreitet, lockt viele Fans von früher an, doch die sind gespalten. Es gibt inzwischen genug Kriegsbefürworter unter den alten Hippies.

Das Wiedersehen mit den singenden Kriegs- und Bushgegnern gerät daher einigermaßen feindselig. Vor den Konzerten schnüffeln Spürhunde nach Sprengstoff, ein Auftritt in Atlanta macht überdeutlich, auf wessen Seite Teile des Publikums stehen. Die Band bekommt wutentbranntes Buhgeschrei auf die Ohren und sieht sich einem Bataillon grimmig ausgefahrener Mittelfinger gegenüber. Dann verlassen fluchende Scharen den Saal. Zwei Jahre später gibt es die Tour lukrativ als Live-DVD und Album – wenigstens die ausgeprägte linke Szene liebt CSNY weiter.

Die nervtötendste Schnulze

Das Ganze mutet an wie ein akustischer Anschlag. Milder gesagt: Wie Notwehr nach Art eines schwer genervten Radiomanns. Robert W. Morgan hielt die Schnulzen nicht mehr aus, die Anfang der Seventies grassierten und oft schon in der Überschrift die rosarote Brille aufsetzten. »Chirpy Chirpy Cheep Cheep« (Middle of the Road) und »I'd Like to Teach the World to Sing« (The New Seekers), »Beautiful Sunday« (Pat Boone) und »Be My Baby« (Andy Kim) fluteten die Hörfunk-Kanäle. Da will DJ Morgan das Seichte und Leichte mit dessen eigenen Mitteln schlagen. Am 15. Februar 1972 schreitet er in Los Angeles zur Tat: Im beliebten Lokalsender KHJ lässt er rund 30 Mal hintereinander pausenlos Donny Osmonds »Puppy Love« ablaufen. Obschon KHJ für Kindness, Happiness and

Joy steht, haben die Hörer nach anderthalb Stunden genug von der süßlichen Kost. Die Polizei wird alarmiert, dringt in den Sender ein und »Puppy Love« verstummt. Robert W. Morgans gutem Ruf hat diese sture Programmgestaltung keineswegs geschadet. Als »radio personality« bekommt er Jahre danach auf dem Hollywood Walk of Fame einen Stern für seine Lebensleistung am Mikrofon.

Was sie vor der Karriere machten

Johnny Cash – Vertreter für Elektrogeräte / Mick Jagger – BWL-Student / Elton John – Abendpianist in Pubs und Hotelbars, Laufbursche für einen Verlag / Ringo Starr – Kellner auf einem Fährschiff, Maschinenschlosser-Lehrling / Carole King – Sekretärin / Elvis Presley – Lieferwagenfahrer für eine Elektrofirma / Chuck Berry – Arbeiter in einem Autowerk, Kosmetiker, Pförtner / Cliff Richard – Bürokraft in einer Fernseherfabrik / Chubby Checker – Geflügelfleisch-Verkäufer auf einem Wochenmakt / Dave Clark – Stuntman / Rod Stewart – Zeitungsausträger, Grabschaufler, Zäunebauer / Agnetha Fältskog – Telefonistin in einem Autohaus / Dave Dee – Polizei-Anwärter und als solcher an der Unfallstelle, wo der Rock'n'Roller Eddie Cochran 1960 tödlich verunglückte / Neil Diamond – Student der Medizin, schon im Vorstudium abgebrochen / Tom Jones – Arbeiter in einer Handschuhfabrik und auf dem Bau, Staubsaugervertreter / Joe Cocker – Gas-Installateur / John Lennon – Kunststudent / Pete Townshend – Kunststudent / Jimmy Page – Kunststudent / Ray Davis – Kunststudent / Cat Stevens – Kunststudent / Joni Mitchell – Kunststudentin / Keith Richards – Kunststudent / Wolfgang Niedecken – diplomierter Kunstmaler

Der Titel, den Terroristen kaperten

»Teeny bopper« nennt der Texaner Doug Sahm ziemlich herablassend die Frau seiner Träume. Junges Ding, meint der Mann unter dem Cowboyhut, noch keine Ahnung von Leben und Liebe. Sein Wink mit der Gitarre: Bleib doch hier am Fluss in meiner lauschigen Hütte. Das Plätzchen liegt nördlich von San Francisco in Mendocino, wo man sich schon früh morgens die Birne volldröhnt (»blow your mind in the morning«) und am Wegesrand Liebe macht. Sahm sichert sich bei diesem rockig verzierten Countrystück die Unterstützung des Sir Douglas Quintet, ihr »Mendocino« wird 1969 in den USA ein Top-30-Treffer. Michael Holms Anfrage aus Deutschland, ob er die Komposition verwenden darf, bejaht der Autor, und heraus kommt heiße Schlagerluft: »Ich sah ihre Lippen, ich sah ihre Augen ...« Auch Holms Überarbeitung rentiert sich bestens. Es kommt vor, dass so ein Lied Bierzelte und Sport-Arenen in Schwingung bringt – siehe »Live is Life«, »You'll Never Walk Alone«

oder »Skandal im Sperrbezirk«. Es kann sich als ein Favorit bei Trauerfeiern entpuppen (»Tears in Heaven«, »Highway to Hell«, »Fields of Gold«) oder wie »Y.M.C.A.« die Partylaune in Schwulen-Treffs und auf Mallorca befeuern – mag das dem Urheber nun gefallen oder nicht. Und ein Titelwort ist tödlich zweckentfremdet worden. Acht Jahre nach seinen amerikanisch-deutschen Charterfolgen ist »Mendocino« Teil eines schweren Verbrechens – der Titel dient den Tätern als Codewort. Das wird im Kölner Café Stass vier RAF-Terroristen übermittelt, die sich daraufhin wie verabredet erheben und draußen ein Blutbad anrichten. In einem Kugelhagel kommen vier Begleiter des Arbeitgeberpräsidenten Schleyer um. Er wird entführt – und der Deutsche Herbst, ein innenpolitischer Albtraum, beginnt.

Der verbotene O-Ton

Schritte hallen, eine schwere Tür geht ächzend auf und fällt dumpf zurück ins Schloss. Keine Krimi-Szene – vielmehr haben die Drogensünder Mick Jagger und Keith Richards sich gemerkt, wie das Betreten einer Arrestzelle klingt und diese Töne einer Komposition vorangestellt. Die unbehaglichen Geräusche eröffnen »We Love You«, Antwort der Rolling Stones auf »All You Need Is Love«, die rundum positive Mitsinghymne der Beatles. Im Lärmkosmos der Wirklichkeit haben sich nicht wenige Künstler bedient. Plötzlich zwitschern Vögel (»Apeman«, The Kinks), mit einem dicken Telefonbuch haut der Drummer den Takt (»Give Peace a Chance«, Plastic Ono Band), »Lazy Sunday Afternoon« von The Small Faces löst sich in Glockengeläut auf. Woanders ruft mittendrin ein Baseballer »The ball is in the air!« oder ein Hahn kräht, Weingläser klirren, Motoren heulen. »Lovely Rita« gibt John Lennon und George Harrison die Chance, mal eben zu zeigen, wie viel Musik in Kamm und Klopapier steckt, wenn man nur gekonnt hindurchbläst (gleich nach der Zeile «made her look a little like a military man«). Noch dichter dran am Lokus sind Chicago fündig geworden. In ihrer »Elegy-Suite«, Teilstück »Progress«, rauscht abschließend eine Toilettenspülung. Und für »Pet Sounds« nutzt Beach Boy Brian Wilson Soundschnipsel von scheppernden Coladosen und bellenden Hunden, von Fahrradklingeln und Autohupen. Für ihren Glamrock-Kracher »Block Buster« ließen The Sweet Polizeisirenen kreischen. Kein Problem in Europa, in den USA dagegen wurde die Single verboten, um Verkehrsteilnehmer nicht zu verwirren. Die Beispiele belegen dreierlei: 1. Schon in den 1960ern wurde immer wieder gesampelt, das heißt bereits vorhandenes Klangmaterial kreativ eingearbeitet. 2. Radikal experimentierende Komponisten aus dem Klassik-Umfeld fanden in der Popmusik Nachahmer (Traditionsbrecher wie Cage oder Stockhausen etwa, den die Beatles mit aufs Cover der »Sergeant-Pepper«-LP nahmen). 3. Die Musikalität von stinknormalen Badezimmern ist noch gar nicht voll ausgeschöpft.

Der Kaplan, der um Jimi Hendrix trauerte

Ein wohlbekanntes Bild nicht nur im westlichen Kulturkreis: Das Leben als Schicksalsrad, mal unten, mal oben. Alles hat seine Zeit. The Byrds haben das existenzielle Wechselspiel in Folk-Rock geschmolzen: »Turn! Turn! Turn! (To Everything There Is a Season)« – harmonisch angetrieben von klirrenden Gitarren. Die Botschaft findet sich schon in der Bibel. Pete Seeger, Komponist und Texter des Songs, hat die Verse fast komplett im Alten Testament entdeckt. »A time to build up/ A time to break down/ A time to mourn/ A time you may embrace/ A time you refrain from embracing ...« Mindestens 2300 Jahre alte Zeilen, die ältesten, die je an die Spitze von Hitparaden gelangt sind. Und eine biblische Weisheit, der auch finstere Heiden zustimmen können. Vage bleibt dagegen die spirituelle Wurzel in »God Only Knows« von The Beach Boys, ihrem musikalisch göttlichsten Werk, wie manche glauben. Der Titel bringt den Höchsten ins Spiel, und das verwundert nicht in einer Musiksparte, die sich stets um tiefe Sehnsucht und Leidenschaft, umfassendes Glück und quälendes Unglück dreht. Bis heute sind da allerlei jenseitig getönte Begriffe willkommen. Heaven, angel, paradise, hear my prayer, miracle and wonder, ever and forever, eternal ... Meist Geständnisse, dass Vergleiche mit dem Irdischen schlicht nicht genügen. Mit einem fromm-missionarischen Programm hat das nichts zu tun. Aber auch das – glühendes Gotteslob nach Noten – fand bis etwa 1980 erstaunlich oft Gehör, waren die Fans nun gläubig oder nicht. Ein religiöses Ein-Hit-Wunder trug sich 1963 zu. Die belgische Dominikaner-Nonne Jeanine Deckers alias

Soeur Sourire (Schwester des Lächelns) alias The Singing Nun besang in einem einfachen französischen Lied den Gründer ihres Ordens. »Dominique« führte sagenhafte vier Wochen lang die amerikanischen Single-Charts an.

Der Versuch einer Schweizer Antwort auf die junge Ordensfrau war Alfred Flury, ein Kaplan aus dem Kanton Solothurn. Im Namen des Herrn nahm er sich einige Grundnahrungsmittel des Rock-Milieus vor. Haschisch und Marihuana alarmierten ihn nicht weniger als wirklich harter Stoff. Flury sah die Jugend von fatalen Vorbildern umstellt und in sinnlicher Ekstase verwahrlosen. Drogenprophylaxe betrieb er mit akustischer Gitarre, unerschrockener Stimme und auch außerhalb von Kirchenmauern. »Spiel mir nicht das Lied vom Tod« hieß seine Warnung vor Schwarzmalerei und falschen Propheten. Das Gegenangebot: »Ich will an deiner Seite geh'n«. Und sein Haupttreffer: »Lass die kleinen Dinge, nimm dir Zeit«. Eine bieder-frohgemute Weise, zum Gotterbarmen getextet, doch allein in Österreich zehn Wochen ganz oben – noch vor den Beatles. So verquer ging es 1964 zu.

Die eigentliche Sensation gelang dem Würdenträger in seinem Nachruf auf »Jimi, oh Jimi Hendrix«. Das Gitarrengenie war gerade jung gestorben – im Schlaf an Erbrochenem erstickt –, da sorgte sich Alfred Flury um das Seelenheil des Paradiesvogels. »Jiihihihimii! Jiihihihimii!« schmetterte er die Tonleiter auf und ab. »Die Welt im Rausch, das ist deine Welt, die so schnell zerfällt!« So weit, so gottgefällig und linientreu. Dann aber wagt der Sänger ein Bekenntnis, das den Kirchenoberen gewiss die Stirn kräuselte. In ernst gesprochenen Sätzen verrät der Geistliche: »Jimi Hendrix, ich habe dich gekannt. Ich kann dich« – kurz festhalten! – »vielleicht sogar verstehen.« Alfred, oh Alfred, schon damit steht auch dir ein Nachruf zu. Du bist also diesem Voodoopriester nähergetreten? Bist nicht vor ihm zurückgeschreckt wie vor dem Leibhaftigen? Wahrscheinlich wolltest du Jimi an Himmel und Teufel erinnern oder fragen, ob ein gemeinsames Foto drin ist. Deinen Wahlspruch No Drugs hast du ja vielen Prominenten von Mick Jagger bis Josephine Baker unablässig erläutert. Couragiert war das schon und irgendwie cool in deinem schwarzen Rollkragenpulli. Man stelle sich vor, heutzutage würde ein römisch-katholischer Hirte Stars wie Lady Gaga, Beyoncé oder Beth Ditto um Beistand für seine Kampagnen anhauen! Aber dass du den drogenerfahrenen, freigeistigen, sich selbst entgrenzenden Hendrix vielleicht eventuell möglicherweise sogar begriffen hast! Oder sagen wir getrost: Ein bisschen Sympathie für ihn übrig hattest! Das ist denkwürdig. Gefiel dir etwa, dass der Saitenmmagier sein Spiel einmal als »electric church music« bezeichnete? Mochtest du »Castles Made of Sand«, das Stück über die Vergeblichkeit irdischer Wünsche? Freilich, da verheißen weder Kreuz noch Dreifaltigkeit Erlösung, sondern »a golden winged ship«. Und nebulös mahnst du ja vor Sinnesreizen, die der Rockprophet nicht nur im Alkohol fand: »Vielleicht verstehen die anderen auch dein Ende.«

Immerhin: »Jimi, oh Jimi Hendrix« war eine halbwegs einfühlende Trauerpredigt für einen Menschen, der froh sein kann, wenn Flurys Herrgott ihn beim Jüngsten Gericht nicht auf ewig dem Höllenfeuer übergibt.

Der schaurigste Abgesang

Eine Romanze verfliegt, eine Herzensliebe bricht, vorbei das Glück. Songs vertiefen sich unaufhörlich in diesen Kummer. Die Gefühle reichen von orchestral erhitzter Raserei (»Eloise«, Barry Ryan) bis zu lähmendem Trübsinn (»Just When I Needed You Most«, Randy VanWarmer). Peter Sarstedts Bravourstück »Where Do You Go to My Lovely?« ist die bittere Frage an eine Gefährtin aus Kindertagen. Im Jetset-Milieu angekommen, gebildet, reich und umschwärmt, verleugnet sie, wie bettelarm sie einmal war. Der Zorn ihres Kritikers mischt sich mit Eifersucht. Schmerz, Stolz und Trotz vermengen die Everly Brothers zu »Crying in the Rain«. Ein anderes Mal freut sie die nach einer Trennung neu gewonnene Freiheit: »And here's the reason that I'm so free/ My lovin' baby is through with me« (in »Bye Bye Love«).

Cat Stevens schildert die Begegnung mit einer Todgeweihten und veranschaulicht den Abschied für immer. Wir werden letztlich Zeugen einer Leichenschau, so bestürzend wie friedlich – und ein wenig schneewittchenhaft. »Lady D'Arbanville« scheint ruhig zu schlafen. Den Nähertretenden wundert, wie still die Geliebte da liegt. Er beugt sich vor, spricht sie an: »Your heart seems so silent/ Why do you breathe so low?« Winterkalt ist der Mund und weiß die Haut. Amtsärztlich verkürzt dürfte das heißen: Herzton kaum noch wahrnehmbar, flacher Atem, Untertemperatur. Es gibt kein Erwachen, doch das Bild von letzter Ruhe vermittelt einen bleibenden Zauber: »I loved you my lady/ This rose will never die.«

Neben dem schaurig-schönen Text berührt der musikalische Ausdruck. Kein Schwulst, den man hier befürchten könnte, sondern eher verhaltene Klage, gleichförmige Strophen ohne Refrain. Grazil und sparsam die Begleitung mit Gitarre, Bass und einer Djembe, jener kleinen afrikanischen Holztrommel, die von Hand bespielt wird. Fast kommen einem da vornehme Balladen aus der späten Renaissance in den Sinn, aus dem England unter Henry VIII etwa. Und fraglos nobel klingt der Songtitel. »Lady« ist im populären Musikgewerbe zwar zur billigen Münze verkommen, die Anrede gilt jedoch einer Frau mit apartem Familiennamen. Das englisch-französische Schriftbild und die Aussprache schimmern aristokratisch. Von der halluzinösen »Lady in Black« (Uriah Heep) hebt sich diese Dame namens D'Arbanville jedenfalls ab, auch von der Alltagsheldin »Lady Madonna« (The Beatles). Selbst in Frankreich ist D'Arbanville ein höchst seltener Name. Seine bisher bekannteste Trägerin: Patricia »Patti« D'Arbanville, ehedem schillerndes Starlet, Model und dann eine immer ernsthaftere Schauspielerin aus New York. Ende der 1960er waren sie und Cat Stevens ein Paar. Den Song widmete er ihr unverschlüsselt und verlautbarte damit, dass die Beziehung für ihn gestorben war. Die Betroffene pendelte damals vielbeschäftigt zwischen Weltstädten und gab zu, geweint zu haben, als sie den Abgesang plötzlich im Radio hörte.

So hat der Katzenmann kunstvoll mit einer Liebe abgeschlossen und einer jungen Frau öffentlich weh getan. Letzteres haben andere in ähnlicher Lage mit einer diskreten Wortwahl zu vermeiden gewusst. Aber auch Liedpoeten leben und wirken in ihren Widersprüchen – rechtliche Schritte, um ihre Persönlichkeit zu schützen, verkniff Patti D'Arbanville sich offenbar. 2006 hat Cat Stevens seinen Lebewohlsong umgewandelt und ein gedankenschweres Lied über den Krieg daraus gemacht: »Angel of War«. Seitdem ist die Lady mit dem besonderen Namen wohl endgültig aus seinem Leben verschwunden.

Personen und Bands

ABBA 11, 100, 111, 134, 143, 172

AC/DC 111, 172

Adams, Richard 79

Ali, Muhammad 29

Allison, Joe 14

Amen Corner 98

Andersen, Hans Christian 77

Anderson, Ian 49

Anderson, Lynn 76

Anthony, Dee 129

Aphrodite's Child 18

Armstrong, Louis 139

Armstrong, Neil 122

Asher, Jane 109

Aznavour, Charles 43

Bach, Johann Sebastian 170

Bachman, Gary 163

Bachman, Randy 163

Bachman-Turner Overdrive 163

Baez, Joan 10, 132, 142

Baldry, Long John 102

Baker, Josephine 188

Bananarama 47

BAP 150

Batt, Mike 79

Beaulieu, Priscilla 33

Beethoven, Ludwig van 90, 147

Beyoncé 188

Baudelaire, Charles 77

Baum, Lyman Frank 78

Berry, Chuck 12, 16, 32, 89, 104, 148, 182

Berry, Dave 64

Biggs, Ronald 59

Bill Haley & His Comets 16

Birch, Martin 136

Birkin, Jane 19, 43

Bischof, Georg 90

Blackmore, Ritchie 135

Black Oak Arkinsas 102

Black Sabbath 67, 169, 172

Blaine, Hal 65

Bloemer, Kai 114

Blood, Sweat & Tears 141

Bluesology 101

Boney M. 86, 172

Boone, Pat 181

Bowie, David 36, 75, 111, 140, 164

Brahms, Johannes 147

Brandt, Willy 149

Bravo, Lizzy 176

Brecht, Bertolt 61, 77, 97

Brontë, Emily 77

Brooker, Gary 170

Brooks, Richard 18

Brussig, Thomas 80
Buckley, Tim 85
Burdon, Eric 38, 99
Burns, Hugh 162
Burrows, Tony 54
Busby, Matthew 138
Bush, George 156
Bush, George W. 180
Bush, Kate 77

Cage, John 185
Camus, Albert 76
Canned Heat 49, 128, 141
Capote, Truman 76
Captain Beefheart 35
Carrell, Rudi 121
Carter Jr., Fred 93
Carter, Jimmmy 155
Carter, John 53
Cash, Johnny 22, 130, 182
Cass & The Casanovas 51
Charles, Ray 156
Checker, Chubby 23, 28, 182
Cher 107, 155
Chicago 185
Cindy & Bert 67
Chiriac, Cornel 175
Clapton, Eric 60, 148
Clark, Dave 52, 182
Clark, Petula 11, 23
Clay, Cassius 29
Clinton, Bill 155

Cochran, Eddie 182
Cocker, Joe 99, 112, 129, 183
Cohen, Leonard 140
Collins, Judy 155
Cooke, Sam 30
Cooper, Alice 28
Coupland, Douglas 81
Cream 145
Creedence Clearwater Revival 49, 63, 79, 112
Crosby, Stills, Nash & Young 118, 180
Curie, Marie 133

D. A. 86
Dale, Dick 27
Daltrey, Roger 177
Danese, Mike 178
D'Arbanville, Patricia 191
Dave Dee, Dozy, Beaky, Mick & Tich 63
Davis, Ray 183
Davis, Spencer 36
Day, Doris 138
Dean, Elton 101
Deckers, Jeanine 186
Dee, Dave 182
Deep Purple 135, 152, 172
De la Para, Adolfo 128
Denver, John 151, 154
Deutscher, Drafi 151
Diamond, Neil 76, 182
Die Puhdys 98
Die Toten Hosen 60

Ditto, Beth 188
DJ Heinrich 25
Döblin, Alfred 76
Doherty, Denny 100, 107
Donovan 35, 77
Douglas, Kirk, 78
Doukakis, Michael 134
Doyle, Arthur Conan 67
Duck, Ian 141
Dundas, Lord David 74
Dylan, Bob 15, 76, 80, 105, 115, 129, 130, 141, 151, 156, 168, 175, 179

Edison Lighthouse 54
Einstein, Alfred 55, 133
Elliot, Cass 100, 107
Elstner, Frank 25
Emerson, Lake & Palmer 124, 167
Entwistle, John 178
Epstein, Brian 55
Evans, Mal 109

Fach, Charlie 164
Fältskog, Agnetha 134, 182
Faithful, Marianne 64
Fame, Georgie 38
Farian, Frank 86
Farrell, Bobby 86
Fisher, Matthew 170
Fitzgerald, F. Scott 77
Flack, Roberta 72
Flury, Alfred 187

Fogerty, John 112
Ford, Gerald 155
Ford, Glenn 17
Frampton, Peter 155
Francis, Connie 23
Frank, Arno 81
Franke-Echo-Quintett 27
Franks, Jim 87
Freud, Sigmund 153
Forenkinos, David 81
Fury In The Slaughterhouse 169

Gall, France 43
Gainsbourg, Serge 19, 43
Garcia, Jerry 45, 48
Garfunkel, Art 79, 91, 122
Garrick, David 66
Gary Puckett & The Union Gap 106
Gaye, Marvin 23, 163
Genesis 111
Gibb, Barry 68, 153
Gilbert, Ronnie 107
Gilmour, David 148
Glitter, Gary 89
Goethe, Johann Wolfgang 96
Goldstein, Richard 173
Goodman, Steve 121
Gore, Lesley 19
Graham, Bill 178
Greenaway, Roger 75
Gregor, Manfred 78
Guthrie, Arlo, 121

Guthrie, Woody 156

Halee, Roy 93, 123

Haley, Bill 16

Hammond, Albert 122

Handke, Peter 79

Haney, Paul 87

Hansson, Bo 122

Hansson & Carlsson 145

Harrison, George 31, 51, 83, 104, 123, 148, 155, 185

Hee Bee Gees Bees 69

Heinlein, Robert A. 82

Heller, André 146

Hendrix, Jimi 13, 29, 35, 44, 46, 59, 112, 118, 145, 148, 175, 186

Hennig, Sonny 96

Hesse, Hermann 33

Heywood, John 100

Hitchcock, Alfred 55

Hitler, Adolf 35

Holly, Buddy 51

Holm, Michael 183

Homer 77

Hooker, John Lee 165

Ihre Kinder 96, 98

Ike & Tina Turner 107

Jackson, Michael 28

Jackson, Wanda 127

Jagger, Mick 82, 105, 182, 184, 188

Jefferson Airplane 84, 99, 145

Jethro Tull 49

Jimmie Nichol & The Shubdubs 70

Joel, Billy 137, 152

John, Elton 78, 94, 101, 119, 164, 182

Johnny and The Moondogs 51

Johnny Guitar Watson 148

Jones, Brian 13, 101

Jones, Tom 62, 65, 182

Joplin, Janis 11, 13, 85, 175

Jürgens, Udo 25

Kafka, Franz 61

Katz, Steve 141

Kaukonen, Jorma 84

Kennedy, Caroline 40

Kennedy, John F. 40

Kerman, Navid 127

Kihn, Greg 81

Kim, Andy 166, 181

King, B. B. 138, 165

King, Ben E. 30

King, Carole 182

King, Martin Luther 15

Kiss 60

Kraftwerk 32

La Farge, Peter 42

Laing, Ronald D. 76

Lake, Greg 123, 167

Lauck, Jennifer 80

Lawrence, Pete 151

Led Zeppelin 41, 44, 59, 64, 100, 111, 172

Lennon, Cynthia 81

Lennon, John 31, 50, 55, 81, 103, 110, 138, 141, 146, 174, 176, 183, 185

Leonhardt, Rudolf Walter 98

Lewis, Jerry Lee 16, 89

Lewis, Ken 53

Linda, Solomon 20

Lindenberg, Udo 25, 36, 97, 150

Link Wray & His Raymen 21

Little Richard 16, 104

Lonnecker, Georgia 120

Lucchesi, Dennis Armand 87

MacColl, Ewan 72

Mack, Ronnie 83

Mad Dogs & Englishmen 99, 129

Maffay, Peter 25

Mandel, Harvey 128

Manfred Mann 48

Manilow, Barry 76

Mark Twain 77

Marley, Bob 60

Martin, George 32, 69, 82

Martin, Giles 82

Mayall, John 145

McCartney, Paul 31, 42, 51, 81, 82, 103, 109, 119, 146, 156, 174, 176

McGuinness Flint 140

McGuire, Barry 65

McLean, Don 121

McKenzie, Scott 53

McTell, Blind Willie 52

McTell, Ralph 51, 123

Medicine Head 140

Melanie 71, 122

Mercury, Freddie 28

Michael/Wham, George 162

Milli Vanilli 58

Mitchell, Joni 155, 183

Montez, Chris 145

Moon, Keith 82, 100, 177

Moore, Tommy 51

Moroder, Giorgio 25

Morricone, Ennio 132

Morrison, Jim 61

Mouskouri, Nana 134

Mozart, Wolfgang Amadeus 37, 147

Mr. Bloe 141

Mungo Jerry 141

Nicol, Jimmie 69

Niedecken, Wolfgang 150, 183

Nietzsche, Friedrich 61, 96

Nixon, Richard 61, 155, 159

No 168

Obama, Barack 90, 156

Ochs, Phil 42

O'Follipar, Ernest 56

Ohio Express 59

Ola & The Janglers 145

Ono, Yoko 81, 146

O'Rahilly, Ronan 39

Orbison, Roy 66

O'Sullivan, Gilbert 119
Ovid 77

Page, Jimi 44, 64, 148, 183
Papas, Irene 19
Paxton, Tom 142
Peter, Paul & Mary 107
Phillips, John 100, 107
Phillips, Michelle 107
Phillips, Shawn 77
Piaf, Edith 43
Pitch, Harry 141
Pink Floyd 36, 55, 163, 171, 180
Pitney, Gene 78
Poe, Edgar Allen 77
Polnareff, Michel 43
Powell, Enoch 60
Presley, Elvis 16, 33, 88, 98, 155, 158, 168, 182
Presley, Reg 37
Prince 156
Procol Harum 34, 50, 53, 81, 170

Quatro, Suzi 149
Queen 77, 94, 110, 171
Quirini, Klaus 25

Rafferty, Gerry 162
Rainbows 18
Ravenscroft, Raphael 162
Richard, Cliff 23, 52, 182
Richards, Keith 82, 101, 105, 183, 184

Rimbaud, Arthur 61
Reagan, Ronald 157
Rodriguez Dias, Sixto 124
Roe, Tom 65

Sacco, Nicola 132
Sainte-Marie, Buffy 34
Sakamoko, Kyu 19
Sarstedt, Peter 189
Schmidt, Helmut 66
Schönberg, Arnold 147
Schubert, Franz 90, 146
Schwendinger, Franzkarl 24
Seeger, Pete 20, 107, 142, 186
Shakespeare, William 76
Shaw, George Bernard 133
Shocked, Michelle 151
Shocking Blue 47
Silvia, Königin von Schweden 90
Simon, Carly 94
Simon, Paul 91, 122, 139, 168
Simon & Garfunkel 81, 91, 118, 122
Simmons, Gene 60
Sonny & Cher 79, 107
Soeur Sourire 187
Spider Murphy Gang 98
Springsteen, Bruce 110, 157
Stanley, Owsley 45
Stanley, Paul 60
Starr, Ringo 32, 51, 69, 80, 104, 165, 182
Status Quo 127, 172

Steppenwolf 33
Stevens, Cat 53, 183, 189
Stevens, Guy 50
Stevenson, Robert Louis 51
Stoppard, Tom 76
Storm, Rory 165
Strauß, Johann 147
Stubbs, Levi 38
Sullivan, Big Jim 64
Supertramp 162
Sutcliffe, Stu 50

T. Rex 36, 94, 172
Tabori, George 77
Tailor, Lynne 107
Tangerine Dream 48
Tarantino, Quentin 27
Taylor, Dick 101
Taylor, Larry 128
Taylor, Skip 128
The Animals 99, 151
The Archies 85
The Band 168
The Bangles 152
The Beach Boys 23, 27, 32, 53, 63, 109, 186
The Beatles 27, 30, 31, 35, 38, 42, 46, 50, 52, 55, 62, 66, 70, 79, 82, 83, 93, 94, 96, 103, 107, 109, 118, 129, 138, 141, 147, 154, 160, 165, 168, 172, 173, 176, 184, 187, 190
The Bee Gees 63, 68, 97, 137
The Bel-Airs 27

The Byrds 63, 85, 109, 186
The Chiffons 83
The Crickets 51
The Dave Clark Five 52
The Doors 50, 61, 85, 151
The Eagles 171
The Easybeats 28
The Everly Brothers 189
The 5th Dimension 48
The First Class 54
The Four Tops 38
The Gentrys 37
The Gods 167
The Grateful Dead 45, 48, 156
The Hillside Singers 74
The Hollies 38, 141
The Hurricanes 165
The Kinks 63, 79, 164, 185
The La's 167
The Lords 25, 63
The Mamas & The Papas 100, 107, 111
The Mothers Of Invention 135
The Move 53
The New Seekers 74, 181
The Nice 55
The Rattles 25
The Righteous Brothers 42
The Rivets 28
The Rolling Stones 12, 39, 63, 73, 80, 100, 105, 111, 114, 168, 172, 184
The Rooftop Singers 107
The Searchers 38

The Sex Pistols 60
The Silver Beatles 51
The Small Faces 49, 65, 185
The Spencer Davis Group 36
The Spotnicks 70
The Squatters 99
The Staple Singers 14
The Surfaris 27
The The 169
The Tokens 20
The Troggs 37, 99, 140
The Weavers 20, 107
The Who 22, 29, 82, 100, 110, 164, 172, 177
Them 168
Three Dog Night 48
Townshend, Pete 22, 177, 183
Travers, Mary 107
Tschaikowsky, Peter 33
Turner, Tina 107, 162
Tweedy, Jeff 168

Ulbricht, Walter 113
Uncle Tupelo 168
Uriah Heep 36, 190

Vanity Fair 121
VanWarmer, Randy 189
Vanzetti, Bartolomeo 132
Veres, Mariska 47
Verne, Jules 78

Vestine, Henry 128
Villon, François 77

Wagner, Richard 55
Wakeman, Rick 78
Warwick, Dionne 23
Waugh, Evelyn 76
Weiss, George David 20
Whitman, Walt 77
Wilson, Alan 13
Wilson, Ann 148
Wilson, Brian 27, 185
Wilson, Nancy 148
Wonder, Stevie 141, 156
Wray, Link 21
Wright, Frank Lloyd 122
Wright, Steve 28
Wyman, Bill 101

Yasgur, Max 115
Yes 168
Young, Faron 13
Young, Neil 127, 141, 180

Zappa, Frank 88, 135, 145

Literaturverzeichnis

(Auswahl)

Bücher und Zeitschriften

Amendt, Günter: The Never Ending Tour, Hamburg 1991.

Brüggemeyer, Maik: Pop. Eine Gebrauchsanweisung, München 2019.

Edenhofer, Julia: Rock & Pop A bis Z, München 1986.

Gruber, Fritz: 1000 Mal gehört – 1000 Mal fast nix kapiert, München 1996.

Kemper, Peter (Herausgeber): Von ABBA bis Zappa, Stuttgart 2015.

MacDonald, Ian: Revolution in the Head, London 2008.

Norman, Philip: Shout! The True Story of the Beatles, New York 1981.

Schmidt-Joos, Siegfried und Kampmann, Wolf: Rock-Lexikon Band 1 und 2, Reinbek 2008.

Tatarsky, Daniel und Preece, Ian: Stats, Records & Rock'n'Roll, London 2017.

Verschiedene Ausgaben der Zeitschriften GoodTimes und kult!, Vaihingen/Enz

Online-Medien

www.allmusic.com

www.amIright.com

www.bear-family.de

www.jochenscheytt.de

www.kaplanflury.jimdofree.com

www.pophistorydig.com

www.performingsongwriter.com

www.premierguitar.com

www.rollingstone.com

www.rollingstone.de

www.songfacts.com

www.songlexikon.de

www.wikipedia.org

www.youtube.com

Hörfunk-Sendungen

Bayern 2: Verschiedene Beiträge der Sendereihen Das Kalenderblatt/ Radio Wissen/ Zündfunk – insbesondere von den Autoren Achim Bogdahn, Simon Demmelhuber, Florian Fricke, Markus Mähner, Christiane Neukirch.

Deutschlandfunk: Verschiedene Beiträge der Sendereihen Corso/ Rock et cetera.

Foto: Hartmut Pöstges

FRANZ SCHIFFER, 1954 im rheinischen Jülich geboren, studierte Anglistik und Romanistik, wurde zunächst Lehrer für Englisch und Französisch, später auch Deutsch als Fremdsprache. Er schrieb als Redakteur und freier Autor vielfältig für Blätter wie Münchner Merkur, Süddeutsche Zeitung und taz. Ferner bediente er die Nachrichtenagentur AP (Associated Press) sowie den Radio-Kultursender Bayern 2. Zudem veröffentlichte er Sachbücher über Spieleklassiker und Zauberkunst. Zurück im Bildungswesen war Schiffer an Schulen in Bogotá, Istanbul und im Main-Kinzig-Kreis tätig. Er lebt am Rand des hessischen Vogelsbergs und südlich von München.

MEIN DANK gilt allen, die mich auf dem langen Weg zum Buch ermuntert und unterstützt haben. Genannt seien zwei Persönlichkeiten an der Seitenlinie:

Jim Berkenstadt, Rock-And-Roll-Detective from Wisconsin. Thanks for encouragement & ideas!

Joy S., Musikerin und Autorin. Danke für den strengen Blick auf erste Entwürfe!

Franz Schiffer

Maik Brüggemeyer

Schöner kann es gar nicht sein

The Beatles von 1957 bis 1970

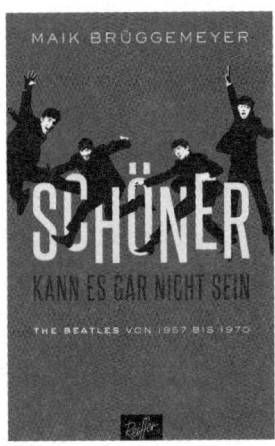

»Schöner kann es gar nicht sein« erzählt die Geschichte der größten Band der Welt aus der Sicht eines Nachgeborenen. Maik Brüggemeyer ist langjähriger Redakteur der deutschen Ausgabe des Rolling Stone und Beatles-Experte. In lebendiger Sprache wirft er einen professionellen Blick hinter die Kulissen seiner Lieblingsband und beleuchtet die Freundschaft zwischen John Lennon und Paul McCartney.

Brüggemeyer nimmt uns mit auf das Kirchenweihfest im Liverpooler Vorort Woolton, wo die beiden Songwriter zum ersten Mal einander begegnen, und zu ihrem vermutlich letzten Treffen 1976 in New York. Wir begleiten die Beatles auf ihrem Weg nach Hamburg, wo sie ihren Sound entwickeln, und in die USA, die sie nach dem Kennedy-Attentat aus der Schockstarre befreien. Wir sind mit John, Paul, George und Ringo im Studio, wenn sie die legendären Alben »Revolver«, »Sgt. Pepper's Lonely Hearts Club Band«, »The Beatles«, »Abbey Road« und »Let It Be« aufnehmen, und werden Zeuge, wie McCartney 2018 in den Cavern Club zurückkehrt.

Maik Brüggemeyer: Schöner kann es gar nicht sein
Mit Illustrationen von Karsten Weyershausen
Hardcover mit Schutzumschlag 12,5 x 20 cm, 304 Seiten, ISBN 978-3-945715-43-7

www.verlag-reiffer.de

Thomas Kraft

Rock'n'Read

Wie Literatur Rockmusik inspiriert

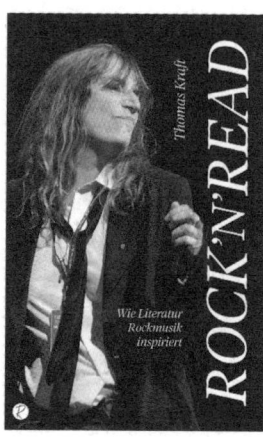

David Bowie war zeitlebens ein begeisterter Leser: »Bücher sind mir das Wichtigste. Wenn ich entspannt bin, lese ich.« Er ließ sich sogar eine mobile Bibliothek bauen, einen gigantischen Koffer, in dem eintausendfünfhundert Bücher Platz fanden. Wie Bowie gibt es viele Musiker, die sich brennend für Literatur interessieren und die Früchte ihrer Lektüren in ihre Kunst, in ihre Songs einfließen lassen. Patti Smith reiste auf den Spuren Arthur Rimbauds, Jim Morrison begab sich in die dunkle Welt des englischen Mystikers William Blake, Leonard Cohen nannte sogar seine Tochter nach dem spanischen Lyriker Federico Garcia Lorca, Suzanne Vega schrieb ein Theaterstück und Songs als Hommage für die extravagante Südstaatenautorin Carson McCullers und Bob Dylan, der 2016 den Nobelpreis für Literatur erhielt, erweitert ohnehin ständig seinen poetischen Kosmos.

Wie sich Literatur und Rockmusik auf vielfältige Weise verzahnen und wechselseitig beeinflussen, davon erzählt Thomas Kraft in »Rock'n'Read« und gibt mit einer Playlist Anregungen zum Wieder- und Weiterhören.

Thomas Kraft: Rock'n'Read
Mit zahlreichen Fotografien von Helmut Ölschlegel und anderen
Hardcover 12,5 x 20 cm, 160 Seiten, ISBN 978-3-945715-95-6

www.verlag-reiffer.de